ABDUL-HAMID INTIME

Le sultan Abdul-Hamid.

Abdul-Hamid intime

PAR

GEORGES DORYS

PRÉFACE DE PIERRE QUILLARD

Avec vingt-sept gravures hors texte
et le fac-simile d'un autographe du Sultan

PARIS
P.-V. STOCK, EDITEUR
(*Ancienne librairie TRESSE et STOCK*)
27, RUE DE RICHELIEU
et
16, RUE MOLIÈRE

1901

PRÉFACE

Les historiens futurs seront grandement embarrassés pour choisir entre les divers surnoms qui furent donnés au Sultan Abdul-Hamid. Ils rejetteront aussitôt celui de *Ghazi*, c'est-à-dire *Victorieux*, qu'il usurpa insolemment ; car son règne ne comporte qu'une longue suite de capitulations et de lâchetés et il a perdu la Bulgarie, la Bosnie, une partie de l'Arménie, l'Egypte, la Roumélie Orientale et la Crète. Mais si toute appellation quelque peu honorable ne se peut employer ici qu'en un sens ironique, la série des épithètes infamantes est infinie et elles furent toutes mises en cours par des hommes modérés en leur langage et qui connaissent la valeur exacte des mots : Gladstone dénonça le *Grand Assassin* ; M. Albert Vandal flétrit le *Sultan Rouge* ; M. Anatole France fit trembler dans l'antre de Yildiz le *Despote fou d'épouvante* et d'autres le traitèrent de *Bête Rouge* et de *Sultan blême.*

Cependant aucun de ces termes excessifs en apparence n'est encore satisfaisant et n'exprime en toute son horreur le caractère d'un être à face humaine, tel, disait récemment un haut exilé ottoman, qu'il n'en existe point de semblable, qu'il n'en a jamais existé de pareil et que selon toute probabilité, il n'en pourra dans l'avenir exister un second. Les conquérants assyriens qui se vantent dans des inscriptions lapidaires d'avoir exterminé les peuples rebelles et tendu de peaux écorchées les murailles des villes prises, Néron, Caligula, Timour, Gengiz-Khan, les inquisiteurs catholiques et les tortionnaires chinois, aucun tueur d'hommes n'égala Abdul-Hamid.

Geôlier de son propre frère, le sultan Mourad, dont il occupe illégitimement le trône, ce fils d'une danseuse arménienne n'obéit, dans sa folie du meurtre, qu'à une seule impulsion : la défense et la conservation de sa personne sacrée ; s'il se croit menacé par un individu ou par un groupe d'hommes — race sujette ou parti politique — il supprime l'individu ou le groupe et pense avoir sauvé sa vie par le sacrifice d'innocents, dont le seul crime fut d'avoir été désignés comme suspects à sa continuelle terreur.

Il fit tuer ainsi Midhat-Pacha, à qui il devait son élévation au pouvoir, et ne fut rassuré que quand un émissaire eut déterré le cadavre, coupé la tête si haïe et si redoutée et envoyé le colis funèbre à Yildiz avec la suscription : *Objets d'art, Ivoire japonais.*

Il a massacré des Arabes dans l'Yemen.

Il a massacré des Druses au Liban.

Il a massacré en Asie des Kurdes, des Lazes et des Tcherkesses et des Albanais en Europe, toutes les fois qu'il ne s'en servait point comme exécuteurs de massacres.

Il a massacré près de Mossul, des Yezidis parfaitement innoffensifs.

Il a massacré des Hellènes en Crète et en Epire.

Il a massacré en Macédoine des Bulgares, des Serbes et des Valaques..

Il a massacré des milliers de Turcs par les noyades dans le Bosphore, l'étranglement dans les prisons, la suppression en terre d'exil.

Puis en temps de paix, à partir de l'année 1894 et tout spécialement en 1895 et 1896, il a entrepris l'extermination méthodique de ses sujets arméniens et après avoir pendu, écartelé, brûlé trois cent mille créatures humaines pendant ces deux années exécrables, il poursuit l'accomplissement de son œuvre par la famine et la misère organisée, par les tueries partielles et bientôt, si la lâcheté servile de l'Europe le lui permet, par de nouvelles et définitives hécatombes.

Après les massacres de Constantinople, alors que des bandes armées de matraques uniformes se répandirentd ans Stamboul, dans Galata et dans Péra, tuant sur leur passage tout ce qui était arménien, alors que dans les rues de la ville on vit passer interminablement des tombereaux pleins de morts, M. de la Boulinière, chargé d'affaires de France, indiquait le coupable en une phrase qui laisse peu de place à l'équivoque (1).

Je ne pourrais citer à Votre Excellence, la série interminable de faits, qui prouvent jusqu'à l'évidence que c'est le Sultan lui-même qui arma les bras de ses assommeurs et leur enjoint de courir sus à tout ce qui est arménien.

Tels sont sommairement les actes publics d'Abdul-Hamid, non point d'après les inventions et fantaisies des nouvellistes, mais selon qu'ils sont consignés dans des documents diplomatiques d'une authenticité absolue, comme les Livres Jaunes et Bleus, dont quelques-uns cependant furent préparés par des complices dévoués de l'Assassin, M. Gabriel Hanotaux par exemple ; et depuis les atrocités bulgares jusqu'au massacre d'Orfa, où d'un seul coup trois mille vieillards, femmes et enfants furent brûlés dans la cathédrale, il n'est pas un de ses forfaits qui ne soit établi en tous ses détails et circonstances par d'irrécusables preuves, témoignages et procès-verbaux.

Tous ces faits sont maintenant très connus, si grande que soit la complaisance de la diplomatie européenne envers l'impérial bandit qui dispose de fructueuses concessions financières et prodigue les décorations, si obstiné que soit le silence de la majeure partie de la presse qui entretient avec Yildiz des relations amicales et désintéressées.

On ne trouvera ici que des allusions rapides au rôle

(1) Livre jaune : Affaires arméniennes, 1897.

historique d'Abdul-Hamid : l'auteur du présent livre a voulu montrer comment vit, au jour le jour, le mystérieux criminel.

Sous le masque de Georges Dorys un lecteur avisé reconnaîtra aisément l'homme le plus heureusement désigné par sa naissance et par son tour d'esprit pour écrire une œuvre de ce genre. Qu'on imagine un jeune hellène de haute famille, mêlé dès l'enfance au monde politique extraordinaire qui grouille autour du Palais, habitué plus tard, comme correspondant de grands journaux européens, à l'information rapide et précise ; qu'à ses qualités de finesse et de pénétration, il joigne une expérience parfaite des bonnes lettres françaises et sache par cœur *Thaïs* et *Jérôme Coignard* ; et vous pouvez vous fier à lui en toute sécurité, puisqu'il parle de ce qu'il connaît bien dans une langue excellente.

Nul ne se veut plus secret qu'Abdul Hamid et cependant le voici traîné à la pleine lumière, toutes ses tares physiques et morales scrupuleusement notées. Enfant sournois, espion et dénonciateur de ses frères, prince maladif entouré de sorciers et adonné à la magie noire, sultan par l'intrigue et très vite mué en bête fauve, démoralisant tout son peuple par la pratique de l'espionnage, frère bourreau de son frère Mourad, et qui déteste en son frère Réchad son successeur éventuel, père qui hait ses enfants, fou, toujours à l'aguet d'un geste brusque, qui tua dans son lit une esclave imprudente, inventeur de tortures inédites. maniaque des grandeurs à qui l'ignominieuse tolérance de l'Europe a inspiré l'idée de la toute puissance et de l'impunité, et en même temps délirant de terreur, qui ne couche pas deux nuits de suite dans la même chambre, éprouve sur des chats et des chiens les mets qu'on lui sert et bien qu'amateur de beaux arbres, fait rogner les branches trop longues, pour mieux voir toutes les allées de son parc, Abdul-Hamid est représenté à chaque minute de sa triste existence comme dominé par deux passions : la cruauté orgueilleuse et démesurée, l'épouvante impérieuse jusqu'à l'hallucination.

Il était bon que ses mœurs, attitudes et gestes familiers fussent ainsi fixés par un bon observateur, avant qu'il ne disparût de la scène ensanglantée par lui. Car l'inexpiable fête aura sa fin, soit que l'Europe tardivement lasse d'une honteuse complicité fasse pendre Hamid-Effendi à la tête du pont de Stamboul ou le mette simplement hors d'état de nuire ; soit qu'un serviteur, une femme, un eunuque, menacés par lui ne l'abattent ainsi qu'un chien par précaution préventive ; soit que la maladie achève brutalement, en un accès de folie furieuse, le sinistre détraqué.

PIERRE QUILLARD.

Fac-similé d'une note autographe d'Abdul-Hamid, en date du 29 juin 1294 (1898) *adressée au Grand-Vizir Safvet-Pacha* (Voir traduction, pages suivantes)

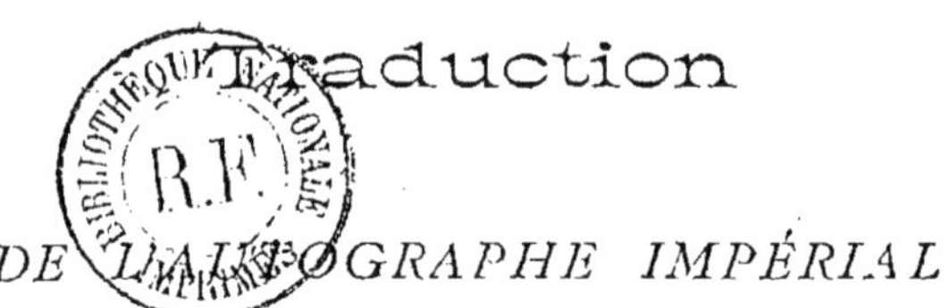

Traduction

DE L'AUTOGRAPHE IMPÉRIAL

J'ai pris connaissance de la note grand-vizirielle que vous avez adressée à quatre heures et demie, au premier secrétariat (1), afin d'être soumise à mon impériale personne. Vous y demandez l'autorisation de convoquer pour demain jeudi un Conseil extraordinaire à la Sublime Porte, en vue de la solution de la question hellénique. Cependant nos règlements ne permettent pas la réunion d'un Conseil de ce genre à la Porte. Si un Conseil extraordinaire

(1) *Chancellerie impériale.*

a été tenu au Palais de Yildiz afin d'examiner les deux questions connues, c'est parce que je m'y intéressais particulièrement. De même je juge opportun qu'un Conseil soit convoqué demain à quatre heures, ainsi qu'il est demandé dans votre note, à Yildiz pour examiner la question hellénique, comme cela a eu lieu pour les questions autrichienne et anglaise (1).

(1) *Nous avons essayé, dans cette traduction, de respecter, autant que possible, le style de l'original. En revanche, nous avons dû dénaturer légèrement l'écriture originale, en la noircissant à l'encre pour les besoins de la photographie, la note ayant été écrite au crayon bleu, ce qui rendait impossible la reproduction photographique.*

C'est par un hasard extraordinaire que nous avons eu ce document entre les mains. Il trahit les efforts que fit le Sultan dès le début de son règne pour enlever le pouvoir à la Porte et le concentrer à Yildiz.

Il est d'ailleurs d'une rareté d'autant plus précieuse qu'Abdul-Hamid a, depuis, perdu l'habitude de livrer son écriture au commun des mortels.

Errata

Page 18, Notice, 3e ligne. — Au lieu de : *1880*, lisez : *1882*.

Page 50, 5e ligne. — Au lieu de : *Dividi*, lisez : *Divide*.

Page 133, Notice, 2e ligne. — Au lieu de : *cette année*, lisez : *l'année dernière*.

Page 144, 4e ligne. — Au lieu de : *actuellement un service sanitaire complet*, lisez : *en temps d'épidémie un service sanitaire à peu près complet*.

Page 183, 8e ligne. — Au lieu de : *intendants*, lisez *intendantes*.

Le prince Abdul-Hamid

Le Sultan actuel, Abdul-Hamid II, frère puîné du Sultan Mourad et neveu du Sultan Abdul-Aziz, est le deuxième fils du Sultan Abdul-Medjid. Petit-fils de Mahmoud et arrière-petit-fils d'Abdul-Hamid 1er, il est le 34e padischah de la famille d'Osman et le 28e depuis la prise de Constantinople.

Abdul-Hamid est né le 22 septembre 1842 d'Abdul-Medjid, comme nous venons de le dire, et d'une esclave d'origine arménienne mais convertie à l'islamisme, qui remplissait l'emploi de danseuse chez Esmé-Sultane, sœur de ce prince.

1

On a représenté la naissance d'Abdul-Hamid comme entachée d'adultère ; suivant les uns, son père serait un *aïvaz* (1), ou cuisinier arménien du palais d'Abdul-Medjid, qui aurait profité des libertés du harem de ce Sultan pour séduire une de ses femmes ; suivant les autres, le Souverain actuel serait le fils de Garabet-Effendi-Balian, frère de feu Serkis-Bey, l'éminent architecte du palais de Tchéragan, qui avait comme ce dernier ses entrées libres au palais. Ce ne sont là sans doute que des légendes apocryphes, et s'il y a effectivement du sang arménien dans les veines d'Abdul-Hamid, c'est par sa mère qu'il le tient.

Le Sultan persiste à nier cette dernière vérité, et, répudiant toute origine arménienne, affirme que rien ne le blesse plus cruellement que « cette légende injurieuse » ; il poursuit, d'ailleurs, implacablement tous ceux qui osent faire allusion à son origine ; entre autres victimes qu'a causées la connaissance de ce secret de Polichinelle, citons quatorze étudiants de l'école militaire de médecine. Ces jeunes gens avaient composé une chanson où revenait souvent le nom de Bédros

(1) Ce qui a contribué à accréditer cette légende c'est le type kurdo-arménien d'Abdul-Hamid.

Abdul-Medjid

(qui signifie Pierre en langue arménienne) par lequel ils désignaient irrévérencieusement le Sultan ; arrêtés aussitôt, les quatorze étudiants furent exilés au mois de mars de l'année dernière, et leurs familles mêmes, malgré toutes les recherches, ignorent absolument ce qu'ils sont devenus.

Depuis 1896, l'Almanach Officiel de l'Empire Ottoman paraît portant en première page l'acte de naissance d'Abdul-Hamid ; le Sultan en prenant cette mesure a cru pouvoir détruire une ridicule légende suivant laquelle il serait le fils d'un Arménien et d'une esclave circassienne que le Sultan Abdul-Medjid, son époux, aurait fait noyer après ses couches pour châtier son adultère.

La mère du Sultan actuel mourut en 1849 d'une maladie de poitrine, à l'âge de vingt-six ans. Feu le docteur Zographos, médecin privé d'Abdul-Medjid, rapportait que lorsque ce prince qui assistait aux derniers moments de la malheureuse, tira le drap qui cachait à demi la tête de la mourante, ce fut un horrible spectacle que ce visage ravagé par la maladie et affreusement décomposé.

Abdul-Medjid mourut également de phtisie à l'âge de trente-neuf ans, en 1861.

Abdul-Hamid vint donc au monde avec les germes

du mal qui avait emporté son père et sa mère ; mais il y résista victorieusement.

Dès la mort de sa mère, le jeune prince, alors dans sa huitième année, fut confié à la hanoum Naavik-Missal, une vieille esclave du Harem Impérial ; et à la mort de celle-ci, survenue peu de temps après, la quatrième femme d'Abdul-Medjid, Péresto-Hanoum, qui n'avait pas d'enfant, fut chargée de servir de mère au deuxième fils de son maître. A son avènement au trône, Abdul-Aziz demanda en mariage Péresto-Hanoum, femme célèbre par sa beauté. Mais elle déclina cet honneur afin de mieux pouvoir se consacrer à l'éducation du prince Hamid et de sa sœur Djémilé-Sultane.

Péresto-Hanoum vit encore et porte le titre de Validé-Sultane (Sultane-Mère). Cette femme, très respectée dans le Sérail, a montré à son fils adoptif une affection qu'il a souvent payée d'ingratitude. On reproche au Sultan d'avoir plus d'une fois manqué de respect à la Validé. Peu de temps avant la déposition de Mourad, un jour qu'elle s'était permis de faire des remontrances au prince Abdul-Hamid touchant les criminelles pratiques de magie auxquelles il se livrait dans l'espoir de parvenir au trône, elle reçut de lui une réponse insolente qui lui fut un mortel affront. Le prince Abdul-Hamid accusa un autre jour, auprès d'Abdul-Aziz, sa mère adoptive d'entretenir des rapports coupables avec un ancien domestique du palais Osman Bey. Ce dernier — qui a été cependant par la suite élevé au rang de premier chambellan par le souverain actuel — fut immédiatement congédié. Péresto-Hanoum apprenant la calomnie dont elle venait d'être l'objet protesta avec indignation et déclara à Abdul-Aziz qu'elle n'habiterait jamais plus sous le même toit que son fils d'adoption. Plus tard, une réconciliation intervint. Mais la Hanoum tout en acceptant d'habiter le harem du Sultan son fils, a tenu à faire voir qu'elle ne s'y considérait pas comme étant chez elle. C'est pourquoi elle a toujours voulu que son hôtel de Nichan-Tach soit tenu à sa disposition.

Abdul-Hamid n'en continua pas moins à s'exprimer très irrespectueusement sur le compte de la vénérable Hanoum. Ainsi un jour il dit à quelques favoris, dans des termes dont nous ne reproduirons pas ici la crudité, que deux parents de la Validé, Izzet-Pacha et Haïri-Pacha, n'étaient point ses neveux comme elle le prétendait, mais qu'elle avait supposé cette parenté pour donner un prétexte honnête à l'introduction de l'un d'eux dans son intimité.

*
* *

L'enfance d'Adbul-Hamid s'écoula, comme celle des autres princes, dans le Harem, parmi les esclaves, les eunuques et les *lalas* (domestiques-gouverneurs). Chétif, solitaire et taciturne, il se distinguait de ses frères et sœurs par son caractère, ses goûts et ses habitudes. « C'était, nous disait le célèbre orientaliste M. Vambéry, qui l'a connu dès sa prime jeunesse, un enfant pâle, silencieux, mélancolique, ayant l'air méfiant et rusé ».

Le jeune misanthrope fuyait la société de ses frères et ne prenait point part à leurs ébats. La plupart du temps, retiré dans un coin sombre, il les regardait rire et jouer de ses yeux fixes, d'une infinie tristesse quand la crainte ou la malice n'y met pas une flamme fugitive. Un jour que deux des jeunes princes, Réchad et Kémaleddin, s'étaient fatigués à courir dans le jardin, avec la princesse Sénieh, les enfants, rentrés au salon, finirent par s'endormir sur les divans où ils se reposaient. Leur frère Hamid, après s'être assuré de leur sommeil, s'approcha d'eux, leur enleva tous les menus joyaux qu'ils portaient en breloques, à la mode orientale, et alla ensuite, comme une pie voleuse, cacher soigneusement son larcin.

Ce fait montre bien les dispositions précoces d'Abdul-Hamid ; en revanche, il manifestait une vive antipathie pour l'étude et le travail intellectuel. Son précepteur Kemal-Pacha, ses maîtres, parmi lesquels Omer-Effendi et Chérif-Effendi, ses professeurs de français qui furent successivement Edhem-Pacha, Namyk-Pacha, M. Gardet, se plaignaient sans cesse de leur élève. Autant son frère aîné Mourad était studieux et appliqué, autant Abdul-Hamid montrait d'inaptitude pour les lettres. On sait qu'il est resté sans instruction, ignorant même sa propre langue, et que bien qu'il ait à plusieurs reprises tenté de combler cette lacune,

La Grammaire, qui sait régenter jusqu'aux rois

n'a jamais pu refréner l'indépendance excessive de son orthographe.

Sournois et méchant, il avait tout pour déplaire ; et son père, le bon Abdul-Medjid (1) ne parlait de lui qu'avec indifférence ou mépris.

(1) Suivant une légende populaire, Abdul-Medjid, à la naissance de son fils Abdul-Hamid, qu'on lui annonça pendant que étant au hammam il n'avait pas sur lui de quoi donner des étrennes au messager de l'heureuse nouvelle, aurait superstitieusement prédit que l'enfant parviendrait au trône et que son règne serait néfaste à la Turquie.

Un soir que le Sultan, entouré de ses fils, était à table, il vit vers la fin du repas son fils Abdul-Hamid prendre et emporter la dernière tranche de pastèque qui fût restée sur l'assiette aux fruits. Sans faire au jeune prince aucune observation, comme s'il eût jugé que la tâche de réformer ce mauvais naturel eût été trop pénible et trop difficile, Abdul-Medjid dit à Mihran-Bey-Duz, notable arménien qui, debout et par faveur, assistait au dîner impérial : « Je suis tranquille sur le compte de mes autres enfants : mais je désespère de corriger celui-là qui n'annonce déjà rien de bon. »

Un autre jour, parlant à Déli-Bogos, oncle du susdit Mihran-Bey-Duz, il se plaignait que son fils Hamid manifestât un grand penchant pour l'intrigue ; sur ce, Déli-Bogos essayant de défendre le petit prince, se permit de reprocher doucement au Sultan la froideur qu'il lui montrait alors que ses autres enfants étaient chéris de lui avec une évidente partialité : « Je suis las de ce garçon, répondit le souverain ; je vous dis que c'est un grand intrigant. » Et il ajouta : « *Yuz vériledjek mahluk deyildir*, » phrase intraduisible, d'une saveur très piquante en turc, et dont le sens approximatif est celui-ci : « Ce n'est pas une créature à qui on puisse laisser de la bride ».

Ses jeunes frères n'aimaient pas non plus Hamid ;

Mourad seul, bon et généreux, en digne fils de son père, ne lui marquait ni haine, ni mépris, et engageait les petits princes à le traiter plus fraternellement.

N'aimant personne, et ne se sentant aimé de personne, le pâle et maladif enfant devenait chaque jour plus ombrageux et tout ce que son âme contenait de mauvais croissait rapidement dans sa sombre solitude, comme la fermentation que l'obscurité favorise.

*
* *

Pourtant, il rencontra un être avec lequel il sympathisa. C'était la Validé-Sultane d'Abdul-Aziz, nommée Pertévalé-Kadine, vieille femme fanatique, superstitieuse, ambitieuse et intrigante, qui aima tout de suite ce jeune prince dont l'imagination inquiète était portée à la superstition autant que son esprit était rebelle à la science positive, et qui se montrait comme elle ennemi farouche des chrétiens, dont son père et son frère Mourad, esprits libéraux, aimaient au contraire à s'entourer.

Dès lors, pour le jeune prince, commença une nouvelle existence. La vieille Pertévalé, pendant les longues soirées qu'il passait auprès d'elle, entourée de sorciers et de devins, l'initia aux mystères de la magie et de l'astrologie, ces sciences antiques qui délaissées presque universellement n'ont jamais cessé de régner dans cet Orient où elles naquirent, ces vieilles ennemies de la Religion que l'incrédulité moderne commence à étudier avec étonnement.

Maints astrologues ou nécromanciens prédirent au jeune Hamid le trône des Padischahs et un long règne, et leur prophéties, s'accordant entre elles étrangement développèrent avec une rapidité fantastique son ambition naissante.

Et avec le temps, petit à petit, les prédictions une à une se réalisaient, et le hasard semblait prendre à tâche de fortifier dans cette âme tourmentée la plus crédule superstition. Pendant le règne d'Abdul-Aziz, parmi les personnalités du régime précédent qui furent à son avènement reléguées dans les provinces, une connaissance du prince Abdul-Hamid, un certain Nedjib-Pacha, exilé à Chypre, y rencontra par bonheur un ami, un cheikh nommé Abdurrahman-Essin, originaire de Sidon, homme simple et honnête, qui, lié avec le gouverneur de l'île, le pria d'adoucir les rigueurs de l'exil à son ami ; ce cheikh prédit à

Le prince Abdul-Hamid.

Nedjib-Pacha que son malheur prendrait fin bientôt et qu'il serait appelé à de hautes fonctions. Il ne se passa pas longtemps que, quelque puissante influence étant intervenue, le yacht impérial *Izeddin* alla tirer de son île l'exilé rentré en grâce.

Nedjib, reconnaissant envers le cheikh, dont la prophétie commençait à se réaliser, le recommanda au jeune Abdul-Hamid, dont il connaissait la superstition, en lui vantant l'infaillibilité de son devin. Le prince, qui se fut vite pris d'amitié pour le protégé de son ami, l'invitait souvent à quitter son *tekké* (1) de Sidon pour aller passer quelques jours chez lui ; ils causaient ensemble théologie, ou lisaient en les commentant des passages du Coran, et le jeune Hamid était quelquefois attendri jusqu'aux larmes par la douce et harmonieuse voix du vieillard.

Un jour, Abdurrahman-Essin lui dit : « O Prince, *inchallah!* (2) vous serez bientôt Sultan ! » Le jeune homme fit remarquer au cheikh qu'Abdul-Aziz étant dans la force de l'âge et le prince héritier Mourad tout jeune et bien portant, le vœu avait peu de chances d'être réalisé de sitôt. Mais le vieux sage

(1) Couvent.
(2) S'il plaît à Allah !

insista en ajoutant qu'un avertissement intérieur auquel il croyait avec une inébranlable conviction lui dictait ses paroles.

En effet, moins de deux ans plus tard, Mourad montait sur le trône pour faire bientôt place à son frère Hamid qui, n'oubliant pas le cheikh-prophète, le fit venir à Constantinople, où il est mort il y a seulement quelques années. Il y fut longtemps tout-puissant et y passait pour un saint. Le Sultan ne se sépara de lui que lorsque ayant conçu le plan aussi grandiose que puéril d'une croisade panislamique, Abdurrahman-Essin fut chargé avec d'autres cheikhs, d'aller la prêcher dans la Terre-Sainte de l'Islam.

Malheureusement pour la mémoire du saint homme, le souvenir est resté d'une sombre mission qu'il accepta ; ce fut lui qui porta à Osman-Nouri-Pacha, gouverneur du Hedjaz, surnommé par les Arabes « le Bourreau d'Abdul-Hamid » l'ordre secret de mettre à mort les malheureux Midhat et Damad-Mahmoud-Pacha.

Abdul-Hamid n'étudiait pas la sorcellerie avec cette ferveur uniquement parce qu'elle lui prophétisait le trône, mais encore parce qu'elle devait l'aider à y parvenir.

Adepte convaincu de la magie, et de la magie

noire, ce prince très en retard ou un peu en avance sur son temps, faisait de l'envoûtement plus de cinq siècles après Charles de Valois et vingt ans avant M. de Rochas, dont les expériences sur l'extériorisation de la sensibilité ont stupéfié le monde savant. Plus tard, en effet, il fit confectionner par un magicien, vers la fin du règne de Mourad, une poupée de cire représentant le jeune Sultan son frère, et dans laquelle lui-même, devenu prince héritier, piqua de sa propre main les épingles traditionnelles ; puis il rendit la figurine au sorcier, pour qu'il la plaçât dans la cave de son taudis, à Stamboul, lieu malsain possédant, paraît-il, des propriétés particulièrement malfaisantes. Et là, dans l'obscurité, le noir magicien, assis sur le Coran, faisait des incantations funèbres et invoquait les mauvais esprits en frappant avec une branche de rosier épineux l'effigie de Mourad, afin de hâter la chute du jeune monarque en accélérant les progrès de sa maladie. Hamid fit aussi confectionner par un tailleur arménien nommé Djumboussian, un habit que des sortilèges mystérieux douèrent à ses yeux de propriétés maléfiques ; après quoi, il offrit en don cette tunique de Nessus à son frère aîné.

Bientôt après, le hasard voulut que le trône fût vacant et que l'occultiste princier s'y assît.

*
* *

Le prince Abdul-Hamid ayant obtenu l'amitié de la Validé-Sultane, celle-ci employa, en faveur de son jeune ami l'influence qu'elle avait sur le Sultan son fils. Abdul-Aziz, voyant d'un mauvais œil la popularité grandissante du prince héritier Mourad, finit par lui préférer Abdul-Hamid, qui s'attachait par tous les moyens à entrer dans ses bonnes grâces, et, par exemple — ceci est de notoriété publique — faisait de l'espionnage pour son oncle sans avoir été par lui chargé de cette jolie besogne.

Dans sa résidence de Machlak comme dans son kiosque de Kiathané ou dans sa villa de Thérapia (1), le prince Hamid recevait toutes sortes de gens qui l'informaient des faits et gestes des uns et des autres, que, lui, s'empressait de rapporter au Sultan. Aussi ses frères, qui s'en étaient aperçus, se méfiaient-ils de lui.

Le prince héritier Mourad se plaisait beaucoup à entretenir des relations suivies avec les ministres et

(1) Sur l'emplacement qu'occupait jadis cette villa a été élevée depuis la résidence d'été de l'Ambassade d'Allemagne.

personnages marquants de l'époque, dont quelques-uns étaient même reçus chez lui, le plus discrètement possible, car Abdul-Aziz, jaloux du prestige qu'exerçait sur tous ceux qui l'approchaient son futur successeur, sympathique, éclairé et libéral, le faisait espionner soigneusement. Un jour que le ministre de la justice, Akif-Pacha, était ainsi en visite chez Mourad, qui appréciait son intelligence et sa valeur morale, Moustapha-Effendi, l'homme de confiance du prince, entra précipitamment et lui annonça la visite de son frère Hamid. Mourad en fut troublé et pria son hôte de se retirer dans une pièce voisine : « Car, dit-il c'est mon frère Abdul-Hamid qui va venir ! » C'était assez dire quel danger ils couraient d'être surpris par lui en tête à tête. Le ministre se cacha donc pendant toute la présence d'Abdul-Hamid, et ce fut seulement après le départ de l'intrus, que l'hôte du prince héritier rentra dans le salon.

C'est par ses services, par son attitude sage et modeste et sa vie retirée, qu'Abdul-Hamid essayait de plaire à son oncle, ne laissant jamais échapper une occasion de se pousser dans sa faveur.

Lors du voyage que le Sultan Abdul-Aziz fit à Paris, en 1867, et dans lequel il était accompagné des princes ses neveux, Mourad, aux dîners et réceptions des Tuileries, s'entretenait en français avec tout le monde, alors que son oncle le Padischah, fort ignorant, était obligé d'avoir recours à l'interprète ; Abdul-Hamid qui était pourtant, à cette époque mieux encore qu'aujourd'hui, à peu près capable de soutenir une conversation en cette langue, feignit aussi de l'ignorer totalement, par une flatterie adroite propre à augmenter encore le dépit et l'inquiétude que causait au Sultan l'instruction supérieure de son héritier présomptif.

L'attitude des deux princes offrit un contraste si visible et révéla si bien l'opposition de leur caractère, que Napoléon III en fut vivement frappé ; charmé par les manières affables et les hautes qualités de Mourad Effendi, il ne put se retenir de dire à Fuad-Pacha : « Quelle différence entre les deux frères ! » On prétend qu'Abdul-Hamid eut plus tard connaissance de ce propos, et qu'il en garda un violent ressentiment à l'Empereur des Français.

Cependant, malgré tous ses efforts, les rapports qu'il entretenait avec son oncle le Padischah n'étaient point empreints, de part et d'autre, d'une sincère affection ni d'une cordiale sympathie. En effet, le prince, à la veille de la déposition de son oncle, cessa de lui être dévoué, et, se gardant bien d'éveiller son attention sur les événements qui se préparaient, travailla au contraire par des intrigues à accélérer sa chute, qui devait l'approcher lui-même du trône en le faisant prince héritier. D'autre part, Abdul-Aziz n'estimait pas assez son neveu pour le pouvoir aimer. Un jour que le jeune prince avait besoin d'argent, il se mit presque à genoux devant son oncle, dans le jardin du Palais, pour le supplier de lui accorder la somme dont il avait besoin. Le Sultan ordonna qu'elle lui fut comptée, mais s'exprima sévèrement sur l'indignité d'une pareille conduite (1).

*
* *

L'amour de l'argent est un trait caractéristique de la nature d'Abdul-Hamid, et qu'on remarque chez lui dès sa prime jeunesse. Très régulier dans ses dépenses, n'ayant point de dettes comme la plupart des autres princes, tenant lui même ses comptes, il examinait minutieusement tout ce qui concernait l'administration de ses biens, le placement de son argent, et les revenus de ses propriétés, dont les produits :

(1) Le prince avait comme apanage 21000 fr. mensuellement.

légumes, fruits, laitages, etc., étaient vendus intégralement sur les marchés de la ville.

Le prince jouait ausssi à la Bourse de Galata, mais il ne tentait que timidement la fortune, en de prudentes spéculations qui ont été assez heureuses, grâce à la sûreté de ses informations et à la compétence de son courtier, un nommé Assani, escroc de Galata, vivant du recouvrement des créances désespérées, et qui plus tard, après l'avènement de son auguste client, devint un personnage considérable, au point d'être invité aux dîners de gala à Yildiz, ce qui valut un jour au Sultan un petit scandale diplomatique, l'ambassadeur d'une grande puissance étrangère s'étant sévèrement exprimé sur la présence au dîner impérial de cet individu taré (1).

L'amour de l'argent confinait déjà chez le prince à l'avarice, disposition qui s'est développée depuis, car, en dépit des libéralités dont il est capable lorsqu'il s'agit d'assurer sa sécurité personnelle, Abdul-Hamid

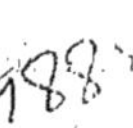

(1) Un point d'histoire que les chancelleries ignorent sans doute est le rôle que joua Assani dans la question d'Egypte. Lorsque l'Angleterre invita le Sultan, en 1880, à participer au rétablissement de l'ordre dans cette contrée, Abdul-Hamid consulta entre autres personnages le susdit Assani sur la question de savoir si la Turquie devait accepter l'offre du cabinet de Saint-James. Assani s'y opposa très énergiquement !

est d'une mesquinerie choquante. Un jour, le prince administra une verte correction à son intendant, le nommé Moussa, qui s'était permis de prendre quelques œufs provenant de sa basse-cour pour le harem de son frère ; il congédia un vieux domestique à cause de la disparition de quelques poules et rossa son *yaourtchi* (vendeur de lait caillé) pour une erreur de vingt centimes que le pauvre diable avait commise au détriment de son auguste client.

Mourad connaissait ce défaut de son frère et le lui reprochait souvent en d'innocentes taquineries. Est-ce par hasard, ou avec une intention malicieuse, que le prince héritier engagea un érudit très apprécié, le grec Kassapi, directeur du journal satirique *Hayal*, à traduire en turc « l'Avare » de Molière, et à l'adapter à la scène du pays ? On ne sait. Mais toujours est-il que Kassapi, qui ne voyait là qu'un louable désir du prince Mourad de faire connaître au public ottoman le chef-d'œuvre français, se mit immédiatement à l'œuvre, et ayant achevé la traduction de la pièce, lui donna en turc le titre de *Pinti-Hamid*, se qui signifie « Hamid le Chiche ». Depuis nombre d'années, en Turquie, on désigne un avare endurci par ce nom très populaire de Pinti-Hamid, qui est dans ce pays l'équivalent de ces autres personnages imaginaires qui s'appellent en France « Harpagon » ou, — celui-ci est plus récent — « le baron Rapineau. »

Mais le prince Abdul-Hamid vit dans cette homonymie fâcheuse une critique personnelle, et excessivement vexé, fit à plusieurs reprises prier Kassapi, qui tous les jours annonçait dans son journal la prochaine apparition au théâtre de Stamboul de *Pinti-Hamid*, de ne pas donner suite au projet de monter cette comédie.

Kassapi refusa d'accéder à ce désir, assurant qu'il n'avait eu nullement l'intention d'offenser le prince par une allusion que d'ailleurs il se refusait à voir. La pièce fut jouée ; il va sans dire qu'Abdul-Hamid n'assista pas à la première ; mais il en garda une violente rancune au traducteur, dont il se vengea, dès qu'il fut sur le trône, par des persécutions sans nombre.

*
* *

Quoiqu'aimant beaucoup les femmes, le prince Abdul-Hamid, dès son adolescence, mena une vie rangée, différent en cela de la plupart de sesfrères.

C'est à peine s'il noua quelques intrigues discrètes en dehors de son harem, comme par exemple, avec cette modiste belge, Mlle Flora Cordier, qui, alléchée par la promesse que lui fit le prince de la prendre pour légitime épouse, se convertit à l'islamisme, prit le nom de Fatma, mais, se vit finalement abandonnée par lui ; une autre fois, il enleva une musicienne du Sérail d'Abdul-Aziz, et immédiatement, pour ne pas laisser à son oncle le temps d'intervenir, fit célébrer son mariage avec elle par un iman bohémien. Mais ce sont à peu près là ses seules aventures sentimentales.

Vers 1870, cependant, le prince alors dans sa vingt-huitième année, se laissa aller à quelques entraînements passionnels dont sa santé délicate se ressentit, et qui faillirent déclarer la terrible maladie dont son père et sa mère lui avaient transmis les germes. Mais Mavroyéni-Pacha, son médecin privé, et son ami personnel, parvint à force d'insistance à assagir son malade, et vers 1872, ayant triomphé de ses passions, le prince Abdul-Hamid reprit son habituelle façon de vivre, sage, prudente, irréprochable.

La pointe du Vieux-Sérail

L'avènement au Trône

Le coup d'Etat du 30 mai 1876, qui déposa Abdul-Aziz et mit sur le trône son neveu, sous le nom de Mourad V, fut salué par les cris d'allégresse et les acclamations enthousiastes du peuple. Le pays se sentit délivré, et la Turquie musulmane et chrétienne vit dans l'arrivée au pouvoir du prince populaire et libéral qu'elle appelait déjà « Mourad-le-Réformateur » l'annonce de son prochain relèvement.

En Europe, l'avènement du nouveau Sultan produisit la meilleure impression, et les représentants des puissances à Constantinople s'empressèrent de manifester à Mourad la plus sincère sympathie.

La diplomatie russe se montra seule mécontente, car elle perdait en la personne d'Abdul-Aziz l'instrument le plus aveuglément docile de son influence qui avait si lourdement pesé sur l'Empire Ottoman ; d'ailleurs, les tendances libérales de Mourad et son désir de sauver la Turquie ne pouvait qu'alarmer sa puissante voisine du Nord ; le général Ignatieff, surpris par les évènements, crut la partie perdue pour les Russes et cacha à peine le dépit que lui causait la victoire du parti libéral turc soutenu par Sir Henry Elliot, ambassadeur d'Angleterre.

Mais les ennemis de la Turquie ne désespérèrent pas longtemps, car les premiers symptômes de la maladie cérébrale qui devait ébranler l'intelligence du jeune souverain se manifestèrent dès les évènements dramatiques et émouvants qu'amena la déposition d'Abdul-Aziz.

Un malheureux concours de circonstances et la bonne étoile de la Russie voulurent que l'adversaire déclaré de cet Empire, le grand patriote Midhat-Pacha, ministre alors sans portefeuille, servît en cette occasion la cause de la nation ennemie, alors que l'éminent homme d'Etat ne voulait qu'être le sauveur de sa patrie : Midhat, en effet, conçut le projet de provoquer une abdication provisoire de Mourad, nécessitée par l'état de santé du jeune monarque, et il y pensa de plus en plus à mesure que la maladie du Sultan s'aggravait sous le coup des évènements dramatiques qui se succédaient sans cesse.

Ce fut là la grande faute politique de Midhat, faute que d'ailleurs il se reprocha plus tard amèrement. Il eût du suivre la loi, et laissé s'écouler le délai d'un an qu'elle prévoit pour le cas où la maladie d'un sultan le rend incapable de régner (1).

Mais les circonstances étaient graves alors, et Midhat-Pacha, redoutant des complications, avait déjà fait des ouvertures aux principaux auteurs du coup d'Etat du 30 mai : Ruchdi-Pacha, Grand-Vizir, Haïroullah-Effendi, Cheikh-ul-Islam et Hussein-Avni-Pacha, ministre de la guerre, quelques jours avant l'assassinat de ce dernier par le maniaque Tcherkess-Hassan, évènement qui eut lieu le 15 juin.

(1) Tel fut l'avis que soutint quelque temps plus tard le *Fètfa-Emini* Kara-Halil-Effendi, dans un conseil tenu à la veille de la déposition de Mourad, et auquel avaient pris part Midhat, le Grand-Vizir Ruchdi, le Cheikh-ul-Islam Haïroullah, Abdi-Pacha, Seïfeddin-Effendi, et autres grands ulémas. Cette opinion ne prévalut pas.

C'est alors que des bruits alarmants commencèrent à circuler sur la sécurité intérieure du pays ; un certain nombre de Vieux-Turcs protestaient en effet contre le caractère libéral des réformes projetées par Midhat et son parti, et ajoutaient un surcroît d'embarras à une situation déjà singulièrement difficile. Cependant, au milieu des tâtonnements politiques et de la lutte sourde des partis sur la nature des réformes à apporter, le projet de Midhat semblait devoir triompher grâce au prestige personnel de son auteur et à son caractère avancé qui était un puissant facteur de succès à cette époque où un vent de libéralisme soufflait sur le pays.

Le projet de Midhat proposait, comme principales réformes, l'égalité absolue entre musulmans et chrétiens, l'admission de ces derniers à toutes les dignités et charges de l'Etat, l'abolition d'une partie du *Chérï'i* (1), l'institution d'un Parlement, la responsabilité ministérielle, l'élaboration d'un code civil calqué sur celui de Napoléon, etc., etc. Ce projet — appuyé par le Sultan Mourad lui-même, qui, en dépit du fâcheux état de sa santé s'occupait activement des affaires et surtout de cette question des réformes —

(1) Loi Sacrée.

Abdül-Aziz

après avoir été discuté par les ministres et examiné par les commentateurs du Chéri'i, fut développé par Midhat lui-même devant le grand conseil général, réuni au Cheikh-ul-Islamat, et auquel prirent part les ministres et les grands *ulémas* (1) délibérant en commun. Le projet fut adopté, et le prince Abdul-Hamid, héritier-présomptif sous le nouveau règne en sa qualité d'aîné des princes de la famille impériale, en promit à Midhat l'exécution intégrale, au cours des conciliabules qu'ils eurent ensemble en vue de la succession de Mourad, provisoire dans l'intention du ministre, mais définitive dans l'esprit du prince. Le projet servit en effet de base à la fameuse constitution qui fut élaborée peu après.

*
* *

Mais en attendant, la maladie du Souverain s'aggravait de jour en jour. La cérémonie de son investiture était toujours retardée par les ministres sous divers prétextes, la situation intérieure s'aggravait de plus en plus dans la capitale, pendant que des

(1) Docteurs en théologie, commentateurs de la loi sacrée.

troubles inquiétants agitaient les provinces, et que, dans les Balkans, sévissait la grande tempête politique qui portait en elle les germes de la guerre russo-turque.

Cependant les entrevues secrètes de Midhat-Pacha et du prince Abdul-Hamid se poursuivaient activement et augmentaient de fréquence ; le prince affectait le plus grand libéralisme et promettait à Midhat de lui accorder tout quand il serait parvenu au trône.

Bien que ces négociations ne fussent pas connues, il y avait quelque chose dans l'air qui faisait pressentir qu'un grand événement se préparait ; aussi, après avis préalable du prince-héritier, le conseil des ministres adressa-t-il à la population, par la voie des journaux, une proclamation l'exhortant au calme, l'engageant à éviter les discussions politiques, à patienter durant les graves embarras que rencontrait l'Empire dans sa lutte contre les Serbes et les Slaves des Balkans, jusqu'à ce que, tout danger passé, on pût enfin se mettre à l'œuvre et effectuer les réformes promises. Des mesures sévères furent prises en vue d'empêcher les réunions et discussions politiques, et des agents secrets furent chargés de dénoncer les récalcitrants. D'autre part, le Bureau de la Presse interdit les publications concernant la politique intérieure ; et d'une façon générale, on imposa silence à tout le le monde. On voit déjà ici la main d'Abdul-Hamid et l'influence naissante du futur tyran.

Pendant que se préparait ainsi la déposition du Sultan Mourad, le déplorable état de sa santé empirait d'heure en heure, avec une épouvantable rapidité. Son tempérament névrosé et d'une sensibilité maladive avait été douloureusement impressionné par les soupçons injustes auxquels son oncle Abdul-Aziz, excité encore par le prince Hamid, s'était abandonné, et par la réclusion à laquelle ce Sultan l'avait condamné si injustement surtout après la fameuse manifestation des *softas* (1) contre le cabinet Mahmoud-Nédim.

Aux souffrances morales que son oncle Aziz lui avait ainsi créées, Mourad avait cherché un apaisement dans la boisson, à laquelle l'entraînait d'ailleurs un malheureux penchant, et les excès où le porta cette passion augmentèrent les troubles qu'il ressentait déjà ; les émotions violentes de la nuit qui précéda son avènement, la secousse terrible ressentie par lui à la lecture de la lettre si émouvante que son

(1) Etudiants en théologie.

oncle, au lendemain de sa déposition, lui adressa, et surtout, le suicide si dramatique d'Abdul-Aziz, la pensée obsédante qu'on pouvait lui reprocher cette mort violente comme un assassinat, et la succession rapide de tant d'autres événements douloureux, tels que le meurtre de Hussein-Avni, finirent par déterminer dans ce cerveau épuisé d'ailleurs par le travail excessif auquel il se livrait depuis son arrivée au pouvoir, une perturbation profonde qui fit bientôt désespérer de sa raison.

Le prince Abdul-Hamid, si passionément envieux du trône, suivait avec une anxiété où la sollicitude fraternelle n'entrait pour rien, la marche de cette maladie ; et il est hors de doute qu'il s'en réjouit et se livra à des pratiques maléfiques, dans l'espoir d'en hâter les progrès. Mais ici se place un point d'histoire qui est encore et peut-être demeurera toujours à l'état de cruelle et d'obsédante énigme : au dire de personnes dignes de foi, ayant vécu à cette époque au Palais, le prince-héritier, après s'être assuré la complicité de gens au service du Sultan son frère, se serait servi d'autres moyens criminels et n'ayant plus de rapports avec la magie pour faire empirer l'état du malade. Nous n'affirmons rien, laissant la responsabilité de ces assertions à ceux qui ont accusé Abdul-Hamid.

A ce propos on a dit que le prince aurait gagné le Dr Capoléone lui-même, médecin privé du Sultan, afin de le déterminer à traiter son impérial client à contre-sens pour précipiter une catastrophe.

C'est là une calomnie odieuse dont le praticien a été l'objet de la part de quelques personnes qui avaient des raisons de lui en vouloir. Capoléone était très dévoué à Mourad et il est incontestable qu'il n'aimait guère Hamid, dont il disait : « S'il parvient au trône, il sera un petit Néron ». Ce qu'il y a de certain c'est que le traitement auquel l'infortuné Mourad fut soumis, était absurde, que, par simple susceptibilité professionnelle, Capoléone s'opposa énergiquement à ce qu'aucun de ses confrères examinât l'auguste malade, et qu'il fut excessivement mécontent que la Validé-Sultane fît venir de Vienne, pour le consulter sur l'état de son fils, le célèbre professeur Leidesdorff — lequel d'ailleurs désapprouva le traitement prescrit par Capoléone et opina pour la guérison plus ou moins rapide du malade.

Cependant, peu de temps après, Leidesdorff quittait brusquement Constantinople, et dans un second rapport, trop différent du premier pour qu'on ne soit pas en droit d'en suspecter la sincérité, émettait l'avis que la maladie de Mourad V était incurable, qu'il était irrémédiablement condamné à des troubles cérébraux — audacieuse assertion à laquelle l'évènement donna un éclatant démenti, puisque Mourad, quelques semaines plus tard, recouvra la santé et la pleine lucidité de son esprit, durant sa captivité au palais de Tchéragan.

Pendant que se déroulaient ces évènements au fond desquels un mystère est certainement enfoui, le Grand-Vizir Ruchdi (1), le Cheikh-ul-Islam Haïroullah et Midhat-Pacha, croyant agir dans l'intérêt du pays et encouragés vivement par le Séraskier Rédif-Pacha, homme aveuglément dévoué à Abdul-Hamid, décidèrent d'offrir la régence à ce dernier.

« On pouvait prendre le prince-héritier pour un saint — disait Midhat-Pacha, quelques mois plus tard à un de ses amis — tant il avait l'air délicat et modeste, tant il parlait de son frère avec pitié et sollicitude, tant il semblait s'offrir en sacrifice pour le salut de la patrie. »

Son ambition se trahit pourtant lorsque le ministre parla formellement de régence ; Abdul-Hamid se

(1) Au début, cependant, Ruchdi s'opposait à la candidature d'Abdul-Hamid — pourtant prince-héritier — et avançait le nom du second frère de Mourad, le prince Kemaleddin-Effendi.

Il fut ensuite converti par Midhat.

Mourad V

récria alors. *Aut Cesar aut nihil !* Il voulait le trône, purement et simplement, et, en revanche, accordait tout : programme libéral, constitution et le reste. Les ministres, pressés par les circonstances, trop avancés d'ailleurs pour reculer et jugeant qu'il n'était plus temps d'hésiter, lui accordèrent donc ce khalifat tant convoité.

Cependant, en raison des difficultés que soulevèrent au dernier moment quelques *ulémas* qui accusaient les ministres de ne pas respecter la loi du Chéri'i — fixant à un an le délai accordé à tout Sultan frappé d'incapacité intellectuelle — Midhat obligea le prince-héritier, un peu avant sa proclamation, à lui remettre un écrit par lequel celui-ci s'engageait à restituer le trône à son frère dès que ce dernier serait guéri.

On sait combien cette promesse est demeurée illusoire. Plus tard après l'exil de Midhat, un hasard malin fit incendier la résidence de ce pacha ; on croyait sans doute que le précieux document s'y trouvait. Mais Midhat avait eu soin de l'emporter avec lui et de le consigner en lieu sûr, à Londres.

*
* *

Dans la soirée du 30 août, le prince Abdul-Hamid, quittant sa villa de Machlak, se rendit chez sa mère adoptive, Peresto-Hanoum. Le Cheikh-ul-Islam avait déjà préparé le fetfa de déposition, pendant que le Grand-Vizir adressait aux ministres et hauts foctionnaires les invitations à la célébration du *Bi'at* (cérémonie de proclamation du nouveau Sultan) qui devait se faire le lendemain jeudi, à 10 heures, dans le palais de Top-Kapou, à Stamboul ; et durant cette même nuit du mercredi, le palais de Dolma-Bagtché, qu'habitait Mourad, fut cerné par les troupes.

Le jeudi matin, 31 août, de bonne heure, le prince-héritier quitta la maison de sa mère adoptive, monta, accompagné du Séraskier Rédif-Pacha, dans une voiture attelée à la Daumont, suivie de deux autres où avaient pris place les personnages de sa suite, et escortée de cent cinquante gendarmes à cheval.

Le cortège gagna Taxim, traversa la Grande Rue de Péra, dont le gouverneur Méhemmed-Pacha, se mit à la tête de l'escorte, et par les Petits-Champs et le pont de Karakeuï, arriva à Stamboul pour se trouver à 8 heures 1/2 du matin au palais de Top-kapou, où étaient déjà rassemblés les ministres et les hauts dignitaires de l'Etat.

A dix heures, une salve de cent un coups de canon annonçait à la population que lecture venait d'être donnée du fetfa déposant le Sultan Mourad et appelant à sa succession son frère Abdul-Hamid-Effendi. La cérémonie du *Bi'at* ne prit fin que par celle du baise-main à 3 heures de l'après-midi ; après quoi, le nouveau Padischah s'embarqua à la Pointe du Sérail, d'où, suivi d'une flottille de caïques de la Cour, il se rendit au palais de Dolma-Bagtché que venaient de quitter Mourad et sa famille, transférés au palais de Tchéragan, dont, à partir de ce moment, les portes furent rigoureusement fermées à quiconque n'était pas envoyé par Abdul-Hamid.

Les personnages au service de l'ex-Sultan furent immédiatement arrêtés, pour être ensuite, les uns exilés, les autres emprisonnés. Le prince Selaheddin, fils de Mourad, fut retiré de l'Ecole Militaire où son père l'avait fait entrer ; toutes communications entre le palais de Tchéragan et l'extérieur furent coupées ; une foule d'espions et d'eunuques d'Abdul-Hamid entrèrent au service de l'auguste captif et peuplèrent son harem. De plus, une commisssion de docteurs, présidée par Mavroyéni-Pacha, médecin en chef du nouveau Souverain, fut chargée d'étudier l'état de l'ex-Sultan, et, bien que celui-ci se fut refusé à tout examen, n'en remit pas moins un rapport défavorable sur les chances de guérison du malade. Depuis lors, bien que Mourad eut recouvré toutes ses facultés, il demeura prisonnier, et sa surveillance augmenta même de rigueur suivant les progrès de sa santé (1).

(1) Il est impossible actuellement de se prononcer sur l'état mental de ce malheureux prince. Des personnes bien renseignées prétendent cependant savoir que la captivité de vingt-cinq ans et l'existence horrible qu'il a supportées ont eu, durant ces derniers temps, un effet désastreux sur sa santé, et qu'à l'heure actuelle la victime est achevée ! ce qu'il y a de surprenant, c'est que Mourad ait pu survivre à tant d'infortune, d'affronts et d'humiliantes persécutions. Citons ici quelques exemples des mauvais traitements qu'il a subis.

Quelque temps après sa déposition, une commission composée de quelques pachas, fut chargée de vérifier comment Mourad avait géré, durant la courte durée de son règne, la fortune laissée par Abdul-Aziz ; une brochure écrite à cette occasion par un nommé Ahmed-Midhat-Effendi, agent du Sultan, accusa Mourad et sa mère d'avoir volé des bijoux et de l'argent appartenant au Trésor.

Par une machination abominable, on s'efforça encore de démontrer que Mourad était d'intelligence avec le général Ignatieff pour trahir son pays du fond de sa prison !

Après le fol héroïsme d'Ali-Souavi, qui tenta vainement sa délivrance, le malheureux prince fut transféré à Yildiz et inter-

Tchéragan (Prison de Mourad V.)

L'avènement d'Abdul-Hamid s'accomplit au milieu d'une indifférence générale, qui offrit un contraste frappant avec les manifestations de joie dont avait été accompagnée, trois mois auparavant, l'arrivée au trône du Sultan Mourad. Le nouveau Padischah était inconnu du grand public et ne pouvait dès lors être populaire. Du reste il fut accueilli avec d'autant plus de froideur qu'il était appelé à succéder à un souverain que la nation chérissait et qui venait d'être si cruellement arraché à sa tendresse enthousiaste.

rogé par les gens du Sultan. Le conseil des ministres, avec Sadyk-Pacha comme Grand-Vizir, fut alors saisi d'une proposition d'Abdul-Hamid tendant à mettre à mort l'infortuné Mourad, son frère, sous prétexte que le Chéri'i n'admet pas que deux sultans puissent exister en même temps ! Cette proposition inhumaine, déférée à un conseil d'ulémas, ne fut rejetée que grâce à la courageuse attitude du *Fetfa-Emini* Nouri-Effendi et de l'Uléma Sahib-Effendi.

Les humiliations auxquelles Mourad est soumis ne l'épargnent même pas dans sa tendresse paternelle. L'année dernière, Abdul-Hamid a voulu fiancer la fille aînée de son frère captif, la princesse Hadidjé, restée jusqu'ici auprès de son malheureux père à Tahir-Bey, le trop fameux directeur du journal à scandales, le *Servet* ; mais ce projet provoqua l'indignation de Mourad qui, du fond de la prison, adressa à son impérial frère une lettre si violente que l'idée de ce mariage dut être abandonnée.

Personne ne prononce plus dans les Etats du Padischah le nom du malheureux fils d'Abdul-Medjid. L'histoire de Turquie ne parle pas de Mourad V et son nom est effacé de la liste officielle des Sultans Ottomans.

*
* *

La cérémonie du *Kylydj-Alaï* (Investiture) du nouveau Sultan Abdul-Hamid II eut lieu le 7 septembre avec beaucoup d'éclat et au milieu d'une grande affluence de spectateurs. Dès le matin, presque toute la population de la capitale était en mouvement, et, dans les rues, on voyait des groupes nombreux mais silencieux se dirigeant vers Eyoub, afin de voir à son passage le nouveau souverain. C'est là en effet que le Sultan, venu par mer de Dolma Bagtché, devait aborder et que l'attendaient les hauts dignitaires de l'Empire et le corps des ulémas. Deux caïques à sept paires de rames ouvraient la marche, puis venait le superbe caïque de parade blanc et or, avec dais en velours cramoisi, mû par vingt-huit rameurs, dans lequel Abdul-Hamid avait pris place avec quatre personnages de sa suite. D'autres caïques venaient derrière, portant les princes de la famille impériale accompagnés de leurs gens.

La flottille, saluée sur son passage par toute l'artillerie des navires turcs et de toutes les nations, et par les hourras de leurs matelots rangés sur les vergues parmi les mâtures pavoisées, aborda à Eyoub, au son de la musique des troupes échelonnées à Top-Hané, à la pointe du Sérail, et sur le Quai de l'Amirauté. Là, le délégué du *Hunkiar-Mollah* de Koniah accueillit le Sultan, et après les prières d'usage, lui ceignit solennellement le Sabre d'Osman. La cérémonie prit fin par la visite que fit le Padischah aux sanctuaires de la mosquée.

Après quoi, Abdul-Hamid se rendit à cheval à Top-Kapou, suivi de nombreux ulémas, officiers et fonctionnaires ; en tête marchait un corps de *zaptiés* et de magnifiques *seiss* du Palais ; derrière eux, six chevaux de selle du Sultan étaient conduits par des écuyers en livrée ; venaient ensuite les officiers et grands ulémas à cheval accompagnés de leurs domestiques et seiss et précédant le Cheikh-ul-Islam à cheval que suivaient à pied un grand nombre de domestiques. Enfin, au milieu d'une double file d'infanterie composée de superbes gardes du corps, vêtus d'uniformes rouges et coiffés de *kalpaks* à panaches, le Sultan Abdul-Hamid II en tunique bleu foncé couverte de broderies d'or, et coiffé d'un simple fez sans aigrette, s'avançait majestueusement, monté sur un magnifique cheval blanc caparaçonné d'or.

Le splendide cortège pénétra dans la ville par la

Porte d'Adrien — où le corps diplomatique au grand complet l'attendait, monté sur une estrade, et s'achemina ensuite vers Babi-Houmayoun.

Après les félicitations d'usage et un court repos, le Souverain quitta le palais de Séraï-Bournou, et s'embarqua pour rentrer à. Dolma-Bagtché, au bruit des salves d'artillerie.

Le soir toute la ville fut éblouissante d'illuminations et de feux d'artifices, mais le peuple ne se réjouit qu'à peine du spectacle de ces splendeurs qu'il avait lui-même préparées pour fêter l'investiture du malheureux Mourad V.

*
* *

Le dimanche 10 septembre, lecture fut donnée à la Sublime Porte du *Hatt* (message) Impérial. Il est en effet dans l'usage que tout nouveau Sultan, au moment de monter sur le trône, fasse connaître ses intentions à ses sujets dans une proclamation formelle, appelée *Hatt*, qu'il adresse par écrit au Grand-Vizir et qui est lue ensuite à la Porte à haute voix et avec une grande solennité.

Voici la traduction du hatt d'Abdul-Hamid II :

« Mon Illustre Vizir,

« Notre frère bien-aimé, le Sultan Monrad V, ayant dû, par la volonté de la Providence, abandonner les rênes de l'Etat et le Khalifat, Nous sommes monté sur le Trône de Nos augustes ancêtres, conformément à la Loi Ottomane.

« Vu votre patriotisme connu et éprouvé, votre intelligence parfaite des grands intérêts de l'Etat, Nous vous confirmons dans la haute charge de Grand-Vizir et de Président du Conseil des Ministres. Nous maintenons également tous les Ministres et tous les Fonctionnaires dans leurs postes respectifs. Notre confiance dans l'aide et dans l'assistance du Très-Haut est sans limites en toutes choses et en toutes circonstances ; Nous n'avons d'autre désir et d'autre pensée que de consolider les bases sur lesquelles reposent la grandeur et la gloire de Notre Empire et d'assurer à tous Nos sujets, sans exception, les bienfaits de la liberté, du repos et de la justice. Nous avons le ferme espoir et la conviction que tous Nos Ministres et tous les Fonctionnaires de Notre Empire ne manqueront pas d'y contribuer à leur tour, en se conformant à Notre exemple.

« Les origines et les causes de la crise que Notre Empire traverse aujourd'hui et qui se manifeste sous des formes diverses, sont, il est vrai, multiples ; mais de quelque côté qu'elles soient envisagées, elles se résument en un seul point, à savoir : l'exécution imparfaite des lois qui découlent des prescriptions suprêmes du Chéri'i, base fondamentale de la puissance de Notre Empire, et l'arbitraire que chacun a adopté comme règle dans la conduite des affaires.

« En effet, si les irrégularités dont se ressentent depuis quelque temps l'administration et les finances de Notre pays se sont développées au point où elles en sont ; si l'opinion publique se montre méfiante à l'endroit de notre crédit ; si les tribunaux ne sont pas encore arrivés à garantir les droits des particuliers ; s'il n'a pas encore été possible de tirer profit des ressources matérielles que tout le monde reconnaît à notre pays pour l'industrie, le commerce et l'agriculture, ces sources fécondes du bien être et de la prospérité générale ; si enfin toutes les mesures qui ont été adoptées jusqu'à présent, tant dans l'intérêt du pays qu'en vue d'assurer à tous Nos sujets sans exception les bienfaits de la liberté individuelle n'ont pu prendre plus de consistance malgré les intentions sincères qui les avaient dictées, ni aboutir, à travers les variations et les changements successifs, au but qu'on s'était proposé, tout cela ne doit être attribué qu'à une seule cause, à savoir : que les lois n'ont pas pas été régulièrement observées.

« C'est là, en conséquence, qu'il s'agirait aujourd'hui de placer le point de départ des mesures qu'il est urgent d'adopter pour asseoir les lois et les règlements du pays sur des bases qui inspirent la confiance.

« A cet effet, il est indispensable de procéder à l'institution d'un Conseil-Général dont les actes inspirent toute confiance à la nation et soient en harmonie avec les mœurs et les aptitudes des populations de l'Empire. Ce Conseil aura pour mandat de garantir sans exception l'exécution fidèle des lois existantes ou de celles qui seront promulguées conformément aux dispositions du Chéri'i, aux besoins réels et légitimes du pays et de la nation, et de contrôler l'équilibre des recettes et des dépenses de l'Empire.

« Le Conseil des Ministres est chargé de se livrer à une étude approfondie de cette importante question et de Nous soumettre les résultats de ses délibérations.

« Un autre empêchement à la bonne exécution des lois et des règlements, c'est la facilité avec laquelle les fonctions publiques sont souvent confiées à des mains inexercées, et cette circonstance que les employés sont l'objet de changements fréquents et non justifiés par des motifs légitimes, ce qui entraîne de très sérieux inconvénients pour l'Etat et pour les affaires. Désormais, toute charge et toute fonction publique constituera une carrière spéciale. Employer dans les affaires de l'Etat des personnes capables et compétantes ; ne tolérer aucune destitution ou remplacement non motivé ; établir la responsabilité graduelle des fonctionnaires de tout ordre, chacun en ce qui le concerne, c'est là la règle invariable qu'il convient d'adopter.

« Les progrès matériels et moraux que tout le monde s'accorde à reconnaitre chez les nations européennes se sont accomplis grâce à la diffusion des sciences et de l'instruction. Or, comme par leur intelligence et leurs dispositions naturelles, Nos sujets de toute classe ont à tous égards, Nous sommes heureux de le constater, des aptitudes spéciales pour le progrès, et que la propagation de l'instruction constitue à Nos yeux une question aussi vitale que pressante, vous aviserez sans retard aux moyens d'assurer ce résultat important en élevant le chiffre des allocations budgétaires dans une proportion suffisante et dans la mesure du possible.

« En outre, il faut procéder immédiatement à la réforme administrative, financière et judiciaire des provinces, afin de leur créer une situation réellement normale et conforme aux bases qui seront adoptées pour l'organisation centrale.

« Aux troubles qui ont éclaté l'année dernière en Bosnie et en Herzégovine, sur l'instigation des gens malintentionnés, est venue s'ajouter la rébellion de la Serbie. Considérant que le sang versé de part et d'autre est celui des enfants d'une même patrie, Nous sommes profondément affligé de la continuation de cet état de choses. Vous aurez donc à prendre les mesures les plus efficaces pour mettre fin à une situation aussi déplorable.

« Nous confirmons tous les traités conclus avec les Puissances amies, et tout en maintenant leur exécution fidèle, vous vous attacherez à consolider de plus en plus les rapports d'amitié que Nous entretenons avec ces Puissances.

« Tels sont en substance Nos vœux, telles sont Nos intentions;

« Que le Tout-Puissant daigne couronner de succès Nos efforts! »

Donné le dimanche 23 Chaban 1293 (10 septembre 1876).

Cette adresse d'une forme modeste, prudente et mâle, empreinte d'un bout à l'autre de la conscience que semblait avoir le nouveau monarque de sa responsabilité, fit en général bonne impression et c'est à peine si elle désappointa quelques esprits clairvoyants par son ton peu expansif, par ses allusions très timides à toute action dans un sens libéral nettement prononcé et par la fausse idée qu'Abdul-Hamid paraissait se faire des moyens de relever le pays en insistant surtout sur l'observation de la loi du Chéri'i, cette vieille législation indigeste et imparfaite.

Mais à part ces détails, nous le répétons, le message impérial fut approuvé. Sauf à quelques esprits sceptiques, le nouveau Sultan inspira généralement confiance et parut au plus grand nombre un homme profondément conscient de la responsabilité de sa position, et qui, animé du noble désir d'accomplir son devoir, allait travailler sérieusement à la tâche difficile qu'il venait d'assumer.

Est il besoin de dire, que tous les actes accomplis durant les vingt-cinq années de ce règne n'ont constitué qu'une violation constante et de plus en plus flagrante des belles promesses du hatt impérial !

*
* *

Si la première attitude prise par Abdul Hamid est satisfaisante, le nouveau monarque devient bien vite impopulaire par les répressions, les relégations et mille autres mesures de rigueur qui lui aliènent d'autant plus aisément les esprits que le nouveau Padischah n'est pas une physionomie naturellement sympathique.

Aussi, subissant sans trop de résistance la pression qu'exerce sur lui Midhat-Pacha, qui l'engage à tenir ses promesses, promulgue-t-il la Constitution, le 10 décembre 1876, après avoir nommé Midhat Grand-Vizir, et débute ainsi par un coup d'éclat.

Mais cette Constitution, dont le Sultan sent bientôt l'entrave, est à peine décrétée par lui qu'il songe déjà à l'abolir. Cependant redoutant Midhat, l'homme qui a détrôné deux empereurs et qui pourrait bien se débarrasser d'un troisième, il patiente deux mois, pendant lesquels il prépare dans l'ombre la réussite de son dessein. Ce délai écoulé, Abdul-Hamid, encouragé d'ailleurs par les intrigues russes, brûle ses vaisseaux en faisant arrêter brusquement son Grand-Vizir qu'il condamne à l'exil, et guette dès lors l'occasion de se démasquer tout à fait. Les séances de la Chambre deviennent orageuses, et le choc est violent entre les représentants de la nation et les ministres responsables, habitués jusqu'alors à ne pas rendre compte de leur gestion et se trouvant aujourd'hui vis à vis de maîtres exigeants. Abdul-Hamid veille, et suit attentivement avec une satisfaction secrète la marche des évènements. Une dernière fois, il joue d'adresse en refusant tout d'abord la proposition que lui fait la Porte de proroger la Chambre, et n'acceptant ensuite cette offre qu'après s'être fait conférer par décision solennelle d'un grand conseil extraordinaire, convoqué au Palais, le droit de suspendre la Constitution et celui de décréter l'état de siège — sous prétexte d'empêcher un soulèvement éventuel des chrétiens que rend probable l'approche des Russes, — mais en réalité pour s'armer contre l'opposition qu'il juge devoir résulter de la violation de la Constitution.

La Porte donc se soumet et se démet en remettant le pouvoir entre les mains du monarque, constitutionnel hier, absolu aujourd'hui, et qui doit bientôt devenir un des plus tyranniques despotes dont l'histoire ait jusqu'ici fait mention.

L'égorgement de la Constitution est suivi de nou-

Abdul-Hamid II, lors de son avènement

velles et nombreuses rigueurs et mesures arbitraires : condamnations de suspects, déportation de députés libéraux. C'est alors que le tyran, pour assurer sa domination, se retire dans son immense forteresse de Yildiz, où il a soin de s'entourer d'une véritable armée sur la fidélité de laquelle il peut compter.

Abdul-Hamid devenu ainsi maître absolu de la situation, ne pousse pas plus loin sa victoire. Tous ses efforts tendent seulement à dissimuler l'importance de ce premier succès et à combattre l'impopularité croissante que fait retomber sur lui la déplorable issue de la guerre russo-turque.

Dès ce moment d'ailleurs, la surveillance de ses ennemis, réels ou imaginaires, accapare toute son attention. Le besoin d'être exactement renseigné sur tout ce qui se fait, se dit ou se pense dans ses Etats, l'amène à créer un vaste système d'espionnage et un autre d'exécutions clandestines et sommaires, systèmes qui à force de perfectionnements sont devenus des institutions d'Etat.

Et c'est ainsi que, dès 1878, la Porte se trouvant réduite à la plus absolue sujétion, tout le pouvoir, comme toutes les ressources du pays sont concentrés à Yildiz, où le Sultan commence à travailler sans relâche à appauvrir moralement et matériellement le peuple, afin de l'opprimer plus sûrement ; à étouffer l'instruction publique ; à détruire tout ce qu'il reste encore dans le pays de libertés politiques et religieuses ; à bailonner la presse (1) ; à mettre en pratique la fameuse maxime : *Dividi et impera* ; à annuler les capitulations, de même que les concessions et pri-

(1) Non content d'imposer silence à la presse turque, Abdul-Hamid fait encore taire quelquefois celle des autres pays.

Pourtant le Sultan conçut en 1886 l'idée baroque de fonder un grand journal national, imprimé en turc, en français et en anglais, qui aurait été pour la Turquie l'équivalent de ce qu'est le *Times* pour l'Angleterre. Une commission, composée d'Ebul-Huda, d'Osman-Bey, premier chambellan, de Raghib-Bey, troisième chambellan, de Mahmoud-Effendi, *Guidich-Mecmourou*, de Weiss-Bey, hongrois au service de la Turquie, et de quelques autres personnages, fut même chargée d'étudier cette ridicule idée et d'élaborer un programme. — Un des membres de la Commission, déclara à ses collègues qu'il fallait pour cela trois choses indispensables, selon lui, à la fondation du journal projeté : 1° Un million de Livres Turques ; 2° Un délai de 150 ans ; 3° Une constitution pour le pays. On expliqua ensuite au Sultan qu'en effet le *Times* était le journal de la Cité, l'organe de l'opinion publique, que les conditions mêmes de son existence étaient la liberté où vivait l'Angleterre, et sa prospérité morale et matérielle ; on eût pu sans peine trouver cent autres raisons pour démontrer au Sultan le ridicule de sa chimère ; mais on n'eut pas besoin d'en avancer de nouvelles : dès qu'Abdul-Hamid eût compris que son journal devait exprimer l'opinion publique de son Empire, il y renonça avec horreur.

vilèges accordés par firmans impériaux aux communautés non musulmanes ; à élever d'infranchissables barrières entre la Turquie et l'Europe, afin que des influences étrangères ne puissent dessiller les yeux de ses sujets ; et à tenter, mais vainement, la croisade panislamique ou réunion de tous les musulmans sous l'étendard du Khalife.

Et tandis que continuent les condamnations, les supplices et les bannissements, il inaugure aussi le système des exécutions en masse par la fameuse noyade des *softas* qu'avaient mécontentés les résultats de la guerre russo-turque. Enfin, en 1881, se déroule le célèbre procès de Midhat et de ses amis, qui lève le dernier voile et montre le Sultan sous son véritable jour.

Mais si, avant cette époque, le monarque a pu donner le change à l'opinion publique sur sa vraie nature morale, bon nombre de personnages qui l'ont approché et vu à l'œuvre dès le début de son règne, se sont prononcés sur son compte.

« J'ai mis trois mois à connaître Abdul-Aziz ; il ne m'a fallu que trois heures pour juger Abdul-Hamid » disait un jour à son ami Akif-Pacha, l'ancien Grand-Vizir Mehmed-Ruchdi-Pacha, faisant allusion à la première audience que lui accorda le Sultan au lendemain de sa proclamation. Au sortir de cette entrevue, qui fut longue, Ruchdi était si bien fixé, en effet, qu'il dit au fameux Mahmoud-Djélaleddin-Pacha, qui l'avait, en qualité de Grand Référendaire de la Sublime Porte, accompagné dans sa visite au au Palais Impérial : « Notre nouveau Maître a tous les défauts imaginables, et la présomption par dessus le marché : il est ignorant de tout et croit tout savoir ! Celui-ci ne me dit rien qui vaille. » Et le Grand-Vizir ajouta, de l'air d'un homme pénétré de regret et de tristesse : *Halt-ittık!* (Quelle faute nous avons commise !)

Abdul-Hamid II

Le Sultan est entré le 22 septembre dernier dans sa cinquante neuvième année.

Sa personne a subi, avec le temps, de grands changements, et c'est avec beaucoup de peine que l'on reconnaîtrait en lui, aujourd'hui, le prince Hamid — dont nous donnons le portrait tel qu'il a été fait lors de son avènement au trône.

Les mâchoires se sont élargies, donnant à ce visage une brutalité qu'il n'avait pas ; les pommettes jadis absentes, saillent aujourd'hui sur les joues creuses que couvre depuis plus de vingt ans une barbe courte qui serait grise si, au moyen d'un mélange de café, de henneh et de noix de galle dont la recette lui fut indiquée par un cheïkh, il ne la teignait lui-même et fort mal, des tons les plus variés du brun et du roux (1).

Le front légèrement bombé cache sa calvitie sous l'énorme fez qu'il a mis à la mode en Turquie, et dont la forme, le volume et la couleur font paraître plus maladive encore la paleur émaciée de la face.

Le nez s'est busqué davantage. Une moustache plus forte, également teinte, et que sa main fine et maigre caresse souvent dans un geste machinal, cache maintenant presque tout à fait la lèvre supérieure, fine et méchante ; l'inférieure s'est encore épaissie et a accentué son expression sensuelle ; le pli de cruauté, qui complète le caractère de cette bouche si intéres-

(1) Abdul-Hamid ne pousse pas la coquetterie jusqu'à nier l'usage qu'il fait de la couleur pour dissimuler les injures du temps. Mais il n'en semble pas moins blâmer chez les autres de pareils procédés. Causant un jour avec son grand maître des cérémonies Munir--Pacha, il s'exprima sévèrement sur le compte de son ministre Haïreddin-Pacha qui avait l'habitude de se teindre. Cependant quelques jours après comme il remarqua que Munir-Pacha commençait à grisonner, il l'engagea à en faire autant. — « Je ne veux pas m'attirer un jugement aussi sévère que Votre Majesté porta sur Haïreddin » répondit le Pacha — « Oh ! c'est égal, reprit le Sultan, redevenu bon enfant ; j'en fais bien autant moi ! »

sante pour un physionomiste, est aussi plus profond et plus visible.

Les tempes plates, sur lesquelles les orbites très écartés semble mordre, se sont creusées, et les yeux, à demi-cachés maintenant sous la paupière affaissée et le sourcilier appesanti, semblent abriter dans des cavernes d'ombre la flamme vacillante de leurs regards.

Les yeux sont ce que cette physionomie pourtant si complexe a de plus déconcertant ; ils reflètent la plupart du temps, il est vrai, la tristesse inquiète et la fausseté ; mais par moments fixes, voilés, sans regards, comme absorbés dans une mélancolie impénétrable, ils deviennent l'instant d'après d'une mobilité, d'une acuité fantastique, si la colère ou la crainte vient jeter son éclair rapide dans leur iris gris foncé, de la couleur des ciels d'orages ; et et comme les yeux des fous, ils causent alors à ceux qu'ils fixent une impression pénible et angoissante qu'on ne supporte qu'après une assez longue habitude.

En somme, toute la physionomie du Sultan a affirmé ses divers caractères, même celui de douceur hypocrite qu'elle revêt par moments.

De taille moyenne, un peu rachitique et d'une maigreur qui le désespère, il semble aujourd'hui n'avoir plus que le souffle et il ne vit en effet que par les nerfs. Une semblable constitution devrait influencer sa mentalité. Abdul-Hamid est effectivement un neurasthénique, un monomane et son état physique peut seul expliquer les contradictions de son caractère.

Un Turc qui a vécu longtemps dans son intimité a dit de lui : « Je ne sais encore s'il est intelligent ou stupide, courageux ou poltron, raisonnable ou fou. »

Sa psychologie, en effet, est un problème, — un problème toutefois que l'on peut résoudre par l'étude.

*
* *

Le Sultan est très intelligent ; mais la tyrannie et la crainte continuelle où il vit devaient l'amener à tendre toute son intelligence vers sa conservation personnelle, et à n'en utiliser que les facultés concourant le plus directement à ce but, telles que la méfiance, la ruse, la défensivité. Ces facultés, qui étaient les seules qu'il exerçât, se sont développées monstrueusement, de façon à étouffer les autres, et, dans ce cerveau que fatiguait la neurasthénie, sont devenues des passions tyranniques ; c'est ainsi qu'avec le temps, Abdul-Hamid a fini par être un véritable monomane, de la catégorie de ceux que les médecins appellent les *persécutés-persécutants*.

Il est doué d'un flair aigu et d'une grande perspicacité qui lui permettent de se rendre admirablement compte de la marche des choses, de la nature du danger qui le menace, mais que son imagination maladive grossit démesurément ; de là la violence de ses repressions. Grâce à la souplesse de son esprit, il perçoit le sens « second » des choses et sait se dégager des pires situations ; analyste et psychologue, il connaît les hommes et sait s'en servir.

Il a su montrer une parfaite connaissance des petites roueries de la diplomatie ; il sait étouffer les réclamations des puissances en entretenant la discorde entre elles ; lors des massacres arméniens, en 1896, il a fait preuve en cela d'une habileté chinoise.

Mais toute cette intelligence est néfaste. Eternellement en proie aux appréhensions de la mort, aux chimères douloureuses, aux remords et à l'ennui, le souci de sa défense a poussé les rigueurs de sa justice et les précautions de sa méfiance jusqu'à la cruauté. Et, au lieu de servir la cause du pays, ce triste monarque, ne pensant qu'à sauver sa propre existence, opprime ses sujets, comprime tout développement intellectuel, ruine son Empire, en laisse arracher les plus belles provinces.

Si, comme on l'a dit en généralisant un peu trop, la ruse est l'intelligence des Orientaux, le Sultan peut-être considéré chez eux comme un homme de génie. C'est en effet par la ruse qu'il est arrivé au pouvoir, par elle qu'il s'y maintient et par elle qu'il gouverne.

Plein d'une opiniâtreté cachée, cédant à la force avec l'arriére-pensée de ressaissir plus tard ce qu'il est contraint d'abandonner, jamais à bout d'expédients, profond calculateur, il sait à merveille échapper aux dangers par des stratagèmes toujours nouveaux ; habile tendeur de pièges, capable de toutes les bassesses envers ses ennemis quand il les craint et de toutes les cruautés quand il les a vaincus, il savoure ses vengeances avec d'autant plus de volupté qu'il les a plus patiemment nourries dans le secret.

Non seulement la vie d'un homme qui le gène ne lui coûte rien, mais encore le sang répandu semble calmer et réjouir ses nerfs malades, toujours tendus à se briser. « Le soir, avant de s'endormir — raconte un de ses chambellans — il se fait faire la lecture ;

ses livres favoris ne sont pleins que de récits d'assassinats ou d'exécutions. La genèse des crimes lui monte la tête et l'empêche de s'endormir; mais dès qu'on arrive à un passage où il y a effusion de sang, il se calme aussitôt, et le sommeil le gagne. »

*
* *

Le fond de sa nature, est en effet cruel. Lorsque Neby-Agha eût mis à mort, à Taïfa, au moyen de cordes huilées, les malheureux Midhat et Mahmoud-Djellaleddin Pachas, le Sultan voulant voir les têtes de ses victimes, ordonna qu'elles fussent embaumées et transportés à Constantinople !

Il est vrai qu'il faut aussi voir là une précaution inspirée par la méfiance : Abdul-Hamid voulait s'assurer que ses deux ennemis étaient morts.

Cette défiance du Padischah est poussée quelquefois jusqu'à un degré voisin de la démence. Kadri-Pacha, qu'il avait disgracié et nommé vali d'Andrinople, y mourut quelque temps après ; sa dépouille mortelle devait être inhumée à Constantinople, et la bière contenant son corps était en route lorsque le Sultan ordonna subitement qu'elle fût retournée au lieu d'où elle venait — pris du soupçon que Kadri-Pacha n'était point mort et qu'il cherchait peut-être, couché entre les quatre planches du cercueil, à s'introduire clandestinement dans sa capitale pour comploter contre la vie de son maître.

Une autre fois, au lendemain de la tentative d'Ali-Souavi et de l'échauffourée de Tchéragan, qui l'avait ébranlé tout entier, Abdul-Hamid, appelant son premier secrétaire, qui était à cette époque Ali-Fuad-Bey, l'entraîna à la fenêtre et, lui montrant la Sublime Porte, éloignée de plusieurs kilomètres : « Je les vois bien, lui dit-il, tremblant de frayeur, ils sont tous réunis là-bas pour proclamer ma déchéance ! ».

— Qui donc ? interrogea le secrétaire, ahuri.

— Mes ministres, répondit le Sultan, mes propres ministres qui sont en train de me détrôner ! Vous ne les voyez donc pas ?

Ali-Fuad-Bey eut toutes les peines du monde à calmer l'hallucination de son maître.

Mais il a aussi donné maint exemple d'une véritable cruauté qui, alors même qu'elle sommeille en lui, se trahit souvent dans les manifestations de sa gaîté ou de sa colère :

Un jour, comme il était question devant lui de la coutume barbare qu'avaient quelques anciens Padischahs d'exposer sur un billot, dans la cour du Vieux-Sérail, la tête tranchée des vizirs qui avaient cessé de plaire, pour que ce spectacle servît de salutaire avertissement à leur successeur, Abdul-Hamid devint rêveur, hocha la tête et finit par dire : « Oh ! qu'il est regrettable que je ne puisse en faire autant ! » et il souligna la phrase d'un sourire forcé pour lui donner un air de plaisanterie.

Recevant en 1895 le patriarche arménien-grégorien, après une manifestation arménienne à la Porte qui précéda de peu les grands massacres, Abdul-Hamid dit au vieux prélat : « Ils (1) veulent peut-être par ces moyens amener une intervention européenne ? Eh bien, sachez que les flottes étrangères peuvent franchir les détroits et les armées européennes envahir ma capitale : Mais avant qu'elles aient foulé ce sol, les flots du Bosphore seront teints en rouge du sang de tous les Arméniens ! » Le vieillard, épouvanté, se jeta à genoux et implora le Sultan, qui, sans plus vouloir l'entendre, lui ordonna brusquement de se retirer.

(1) Les Arméniens.

Il ne se rappelait sans doute plus ces propos lorsqu'au cours d'une audience accordée après les grandes boucheries de 1896 à Mgr Azarian, patriarche arménien catholique, il s'en justifiait, affirmant n'être nullement responsable de ces massacres qu'il blâmait, et qu'on l'avait, disait-il, obligé de faire exécuter.

* * *

Oubli ou hypocrisie, Abdul-Hamid n'avoue jamais. Parmi ses crimes nombreux dont la plupart sont ignorés, il en est cependant dont le retentissement a été grand. Un de ses gardes du corps, l'Albanais Gany-Bey, qui, fort de sa faveur, avait commis, tant pour son compte personnel que pour celui de son maître, les plus atroces méfaits, finit un jour par devenir gênant. Le Sultan s'en débarrassa facilement en le faisant poignarder dans une laiterie de Péra par un certain Hafouz-Omer-Pacha. Il n'en simula pas moins la plus profonde émotion au sujet de ce meurtre et ordonna l'arrestation et le châtiment de l'assassin, pendant qu'en sous-main les agents de Yildiz favorisaient la fuite de cet homme à l'étranger.

En même temps, par un raffinement d'habileté Abdul-Hamid faisait répandre de faux bruits qui désignaient comme l'instigateur de ce crime un homme qui l'inquiétait considérablement Djavib-Bey, fils du Grand-Vizir Halil Rifaat-Pacha ; ces racontars calomniateurs s'étayaient d'arguments vraisemblables, tels que la haine que portait Djavid-Bey à ce Gany, pour avoir reçu de lui, en public, un cruel outrage. En parfait comédien, le Sultan fit mine d'ajouter foi à ces mensonges qui émanaient de lui et poussa l'impudence jusqu'à feindre l'indignation et souhaiter la punition de l'innocent qu'il accusait. Il songea pour cela à exploiter la *vendetta*, en honneur chez les Albanais, plus encore que chez les Corses, en disant à Halil-Bey, garde du corps, comme Gany, et beau-frère de ce dernier, que l'assassinat de son parent, serviteur dévoué du Trône, était un outrage personnel pour lui, Abdul-Hamid « M'autorisez-vous, Sire, demanda le chatouilleux Albanais, à venger le sang de mon beau-frère ? — Non, non, non Halil, pas encore » répondit vivement le Sultan, qui venait ainsi d'autoriser suffisamment le meurtre dont il avait besoin.

La vengeance est un plat qui se mange froid, en Orient plus encore qu'ailleurs ; sept mois s'écoulèrent sans incident, durant lesquels Halil-Bey et un autre de ses parents, le sinistre Essad-Pacha, chef de la gendarmerie de Jannina, préparèrent tout, sans que le Maître ne se mêlât de rien pour l'accomplissement de leur projet; Essad enfin, l'automne dernier, en chargea un des anciens domestiques de la famille de Gany, le nommé Hadji-Moustapha, qui se rendit à Constantinople, attendit en plein jour au pont de Karakeuï, le passage de Djavid-Bey et le tua de trois coups de revolver. Le meurtrier fut arrêté, jugé et condamné à mort; cependant, en dépit des instances et des protestations du Grand-Vizir, non seulement cet homme demeura impuni, mais il fut grassement récompensé et vit encore, à l'heure qu'il est, au fond d'une province éloignée, dans la satisfaction du devoir accompli.

Ab uno disce omnes (1).

Tels sont à peu près les moyens discrets qu'emploie le Sultan pour faire disparaître certains individus encombrants, et telle est son habileté que rares sont

(1) Il paraît cependant que ces derniers temps des moyens plus scientifiques sont employés. Ainsi, on se chuchotait à Constantinople au mois d'août dernier — et nous enregistrons ce bruit sans répondre de son authenticité — que l'ancien Grand-Vizir maréchal Djevad-Pacha, mort de phtisie au mois de juillet dernier, aurait goûté à un bouillon de culture. On voit que nous sommes loin de la classique tasse de café.

ceux qui lui échappent. Tel est cependant le cas d'Odian-Effendi, ancien sous-secrétaire d'Etat au ministère du Commerce et des Travaux Publics ; le Sultan, pour diverses raisons, allait le faire supprimer, lorsque le Grand Maître des Cérémonies d'alors, Kiamil-Bey, ayant connu le secret dessein de son Maître, en avertit à temps Odian-Effendi, qui put sauver sa vie en se réfugiant à Paris.

Les sinistres décisions d'Abdul-Hamid sont prises tantôt de sang-froid, tantôt sous l'empire de la colère ; la cruauté des premières est plus raffinée, celle des secondes plus brutale ; car dans l'emportement de la fureur, il se trahit, en oublie la prudence et la ruse et montre ainsi son âme à nu.

Le Sultan, comme tous les névropathes, a des moments d'irritabilité durant lesquels il se porte à des actes violents. Il lui est plusieurs fois arrivé de battre ses secrétaires ou ses chambellans. Il lança une fois son encrier à la tête de Kutchuk-Saïd-Pacha, alors secrétaire en chef du Palais, qui put à temps esquiver le coup. Un autre jour, pris d'une soudaine fureur contre le même personnage, au cours d'une discussion sur la question d'Egypte, il tira de sa poche un révolver, prêt à faire feu sur le pacha qui, éperdu, implora son pardon.

* * *

On dit qu'Abdul-Hamid se repent bien vite de ses violences, qui lui font craindre la rancune de ses gens. Il est, d'ailleurs, dans sa politique comme dans son tempérament de s'appliquer soigneusement à paraître doux et bon, et à faire croire qu'il tient en réserve des trésors de tendresse ; il cherche à recruter partout des sympathies, sentant que personne ne l'aime ; aussi se pose-t-il souvent en victime, se plaignant de la méchanceté et de l'ingratitude des hommes, et ses doléances ont un tel accent de sincérité qu'elles illusionnent au premier moment ceux qui les écoutent.

Bien qu'il ait la voix naturellement forte et basse, il sait la rendre caressante et presque douce, quand il le veut, de même qu'il a le don de se faire charmeur pour gagner le cœur de ceux qui l'approchent et en particulier des étrangers ; il se met pour eux en frais d'amabilité, et il est rare qu'un Européen l'approche sans tomber sous le charme de cette nature affable qui sait se prodiguer avec un tact exquis. Le Sultan, en effet, pratique l'art de la politesse et de l'hospitalité, non seulement en Oriental mais encore en Européen. Nul part les étrangers notables ne seront aussi royalement reçus qu'à Yildiz ; les simples touristes mêmes, qui de passage à Constantinople assisteront au Sélamlyk, y seront accueillis honorablement et avec une bonne grâce flatteuse ; s'ils forment un groupe nombreux, comblés de gracieusetés pendant la cérémonie, ils trouveront avant de se retirer un buffet somptueux dressé sur la terrasse du kiosque de Yildiz ; des cigarettes leur seront offertes, un aide de camp du Sultan ira leur transmettre ses salutations impériales et, à leur départ de Constantinople, dont la visite leur aura été facilitée par un ordre du Palais, le général Scheker-Ahmed-Pacha ira leur offrir, comme souvenir de Sa Majesté, des bonbons turcs, des cigarettes, etc. Et tout ce monde en arrivera à considérer désormais comme bien mal fondées les doléances universelles à l'égard de ce gentleman accompli, dont il répandra les louanges dans les salons de l'Occident.

En essayant ainsi de gagner par ces petits moyens les sympathies des étrangers, il croit récupérer par là ce que la presse indépendante d'Europe, qui lui est hostile, lui fait perdre dans les esprits.

Vis-à-vis de ses sujets mêmes, il essaie aussi de paraître bienveillant et bon, quand son intérêt l'y pousse. Tel fonctionnaire ou grand personnage en place tombe-t-il malade? Un chambellan va prendre de ses nouvelles de la part du Souverain ; un médecin de la Cour ira le soigner; s'il meurt et laisse des fils à la fidélité desquels le Maître tienne, l'enterrement se fera aux frais de sa cassette particulière, etc., etc.

Parfois, il essaie de gagner par des amabilités simulées quelque homme redouté sur lequel il n'a pas de prise ; et il n'est pas alors de bassesses auxquelles il ne descende pour obtenir par la ruse ce que la force ne peut lui obtenir.

Des exemples abondent de cette absence complète de dignité. Le premier drogman d'une ambassade, homme brusque et cassant, très redouté à Yildiz, eut, il y a trois ans, une violente altercation avec Izzet-Bey, alors omnipotent ; le Sultan, qui avait des raisons de craindre les conséquences de cette querelle, voulut réconcilier les deux adversaires, et pour apaiser le diplomate européen, qui manifestait une violente colère, il le suppliait, lui promettait mille compensations, lui prenait les mains et le conjurait de pardonner à son favori.

Il est si bien dans sa nature de manquer de majesté que dans sa joie il oublie sa grandeur : lorsque la presse londonnienne, après les massacres arméniens, engageait l'Europe à déposer celui que le vieux Gladstone appelait *the great assassin* et que la flotte de l'amiral Seymour évoluait, inquiétante, dans les eaux de l'Archipel, un soir que le Sultan, en raison des communications que lui avaient faites l'ambassade Ottomane de Londres, avait des raisons de croire qu'une fuite à l'étranger était son seul moyen de salut, il convoqua ses ministres en conseil extraordinaire pour délibérer sur la situation, tandis que son yacht *Izzeddin* stationnait sous pression devant Bechiktach, prêt à l'emporter à Odessa. Un des ministres, Mahmoud-Djellaleddin-Pacha proposa que l'ambassade d'Allemagne fut consultée ; aussitôt, le Souverain expédia son favori Izzet-Bey au représentant de l'Empereur Guillaume II. Pendant l'absence de son envoyé, le Padischah, en proie à la plus sombre inquiétude, faisait les cent pas, fébrilement ; il avait sur lui quelques bijoux et, dans une ceinture à poches, à peine dissimulée, ses titres de banque. Mais quand Izzet-Bey lui eût rapporté la promesse de l'ambassadeur d'Allemagne que Guillaume II appuierait *son ami*, Abdul-Hamid ne se sentant plus de joie s'oublia presque à s'agenouiller devant le favori tant il lui prodigua de marques de tendresse.

* * *

On comprend maintenant que le Sultan n'ait aucune sympathie naturelle par les âmes fières et indépendantes ; elles l'exaspèrent et l'effraient. Et il n'est pas de moyens qu'il hésite à employer pour les corrompre. Il fait souvent mander au Palais les personnages qu'il sait lui être hostiles et que la dignité de leur caractère fait se tenir à l'écart ; forcés de se rendre à l'invitation qui leur est faite, ils sont reçus très courtoisement à Yildiz par un chambellan ou un secrétaire qui après force compliments de la part du Souverain, entame une longue énumération de qualités et vertus du Maître, suivie encore d'un dithyrambe en prose poétique dédié à Sa Majesté. Et lorsqu'après cette épreuve, l'orateur juge le patient suffisamment annihilé, il tente de lui faire avaler la pilule dorée impériale : « Il ne m'aime pas ! Que lui ai-je fait ? Qu'il s'attache à ma personne, qu'il me soit fidèle et je le récompenserai largement.... je le ferai riche, je le comblerai de bienfaits ; je le nommerai ministre, ambassadeur ; mais qu'il me donne des preuves de fidélité, de dévouement.... Ainsi, il est en mesure de connaître bien des choses : qu'il me les révèle... personne n'en saura rien... tout cela restera entre nous... Que sait-il par exemple, sur le compte de tel pacha ou de tel bey ? Il les connait, il les fréquente ; il sait donc leurs idées, leurs desseins. Pourquoi ne s'en ouvrirait-il pas à moi, qui suis le père de mon peuple, et qui, par conséquent dois tout savoir, etc. etc... »

Mais le patient accueille froidement ces ouvertures, et assure qu'il n'a rien à dire. Le chambellan le quitte alors et va rendre compte au Sultan du mauvais succès de l'entreprise ; Abdul-Hamid insiste. On suivra un autre plan d'attaque ; et si ce second assaut échoue encore, on en donnera un troisième. Enfin, si le sujet résiste jusqu'au bout à l'intoxication impériale, le Sultan ne semble pas lui en garder rancune tout d'abord. « Il refuse ? Je le regrette ; il ne sait pas ce que valent les services qui me sont rendus... »

Mais quelque temps s'est à peine passé qu'on ressent cruellement la haine que par son attitude indépendante on a su s'attirer ; le plus sûr alors pour celui que le Padischah honore de sa malveillance particulière, est d'aller faire un petit voyage en Europe...

C'est là une des formes du système de corruption inventé par Abdul-Hamid et appliqué par ses gens, qui l'essaient principalement sur la jeunesse. On n'a pas idée des ruses patientes, des moyens détournés, qu'on emploie à Constantinople pour gagner au Sultan une jeune intelligence. On sait, par exemple, que par ses alliances, ses relations, ses amitiés, sa situation, il est à même de détenir quelques petits secrets intéressant le monarque ; on mettra tout en jeu pour l'avoir. On lui promettra places, honneurs, faveurs, décorations, grades, argent, argent surtout ! On sera capable de mettre en jeu une jolie femme ; en un mot on fera miroiter à ses yeux les espérances propres à le tenter le plus. Pour peu que ce jeune homme inexpérimenté soit faible ou insuffisamment armé de principes, ou qu'il ait un seul moment d'égarement, il sera si bien circonvenu, si habilement entortillé, qu'après quelques hésitations, il finira par devenir la créature du tyran.

Si, au contraire, il résiste et se montre inébranlable, il se prépare une existence troublée par l'espionnage, la calomnie et les persécutions de toute nature.

Yildiz-Kiosque

*
* *

C'est ainsi qu'Abdul-Hamid est parvenu à corrompre en partie l'élite de la nation, et à créer une génération à laquelle, par un travail constant et minutieux, on a inoculé les principes les plus immoraux et les plus avilissants. Il sait le pouvoir de l'or, et il emploie à corrompre le pays les richesses qu'il lui arrache ; il n'aime pas les gens intègres, car il voit en eux des adversaires de sa politique, des censeurs de sa conduite. Trois jours après sa nomination au ministère de la Guerre, l'ancien Séraskier Ali-Saïb-Pacha était reçu par le Sultan. Saïb était un homme resté irréprochable jusque-là. (Qu'allait-il faire dans cette galère !) Au cours de la conversation, son Maître lui dit : « Ecoutez, Séraskier ; j'entends que les hommes qui me servent me montrent du dévouement ; mais j'entends aussi qu'ils s'occupent de s'enrichir..... »

Ali-Saïb-Pacha demeura interloqué et prétend que ce propos lui fit une pénible impression. — Ce qui n'empêcha pas Sa Majesté de constater, un peu plus tard, que son ministre, docilement, avait mis à profit la leçon.

Mais l'œuvre de l'impérial corrupteur a dépassé les limites de son Palais et de ses Etats. N'a-t-il pas, en effet, étouffé sous des baillons dorés la voix d'importants organes de la presse européenne? N'a-t-il pas acheté à l'étranger des politiciens et même des diplomates?.....

Saïd-Pacha ayant recherché ce qu'en six mois les massacres d'Arménie avaient couté au Trésor turc, en allocations à certains journaux européens, a établi le compte approximatif suivant : 640 décorations, et 235.000 Livres Turques (près de cinq millions et demi !)

Abdul-Hamid ne doute de rien, et ce Jugurtha au petit pied a tenté les corruptions les plus étranges : n'a-t-il pas osé vouloir acheter le *Times*? Et lors de l'ouverture du Congrès de Berlin, ne disait-il pas à son ministre Savfet-Pacha : « Avec un million de livres turques, nous pourrions fermer la bouche à Bismarck! »

*
* *

Le Sultan, qui ne croit pas toujours à la vertu des hommes, croit-il en Dieu ? Lui, qui viole si outrageusement la justice sur terre, croit-il en la justice céleste ? Ici encore il est tout en contradiction.

Abdul-Hamid est sceptique, et n'est ni pieux ni croyant ; mais il est superstitieux, fanatique, crédule ; et étant donné sa nature sombre et pessimiste, sa religion est triste, toute de crainte et de terreur ; il a la peur de l'au-delà, et le cauchemar de la mort le hante et le tourmente souvent. Il prie alors, par accès, avec ferveur ; il lui est même arrivé, dit-on, de faire des vœux secrets et de s'imposer des macérations pour plaire à Allah et racheter ses fautes ; mais le découragement le gagne vite et il retombe dans son scepticisme — l'oreiller du doute, comme dit Montaigne, pouvant seul lui procurer quelque reposant sommeil.

Aussi le Commandeur des Croyants n'est-il pas pratiquant. Il néglige les cinq *namaz* (prières quotidiennes exigées par le Coran) et n'observe pas régulièrement l'*ouroutz* (jeûne du Ramazan). Mais, en homme habile qui connaît la force du sentiment religieux chez les musulmans, et qui sait d'ailleurs ce que son irreligion a valu d'impopularité à son oncle Abdul-Aziz, il s'attache à s'attirer la sympathie de ses sujets en affichant le plus profond respect pour la loi du Prophète.

Un uléma, avec qui nous nous entretenions des sentiments religieux d'Abdul-Hamid, disait : « Sa politique est une violation constante de la sainte loi de notre Prophète ; un bon musulman n'agirait jamais comme lui; le Khalife est donc un mauvais musulman, et la religion n'est chez lui qu'un instrument politique dont il se sert, non pour développer le moral de la nation, mais pour exploiter le fanatisme des classes ignorantes. »

On sait, en effet, que le Coran, dont l'interprétation est assez élastique, est au fond de tendances très libérales. Or Abdul-Hamid ne goûte pas, on le conçoit, cette qualité fondamentale du livre sacré de l'Islam. Il s'est toujours opposé à toute interprétation éclairée de la loi de Mahomet comme pouvant éveiller l'esprit du peuple. — Au printemps dernier, l'uléma Erbilli Essad-Effendi publia, avec l'autorisation du ministère de l'Instruction Publique, un ouvrage de morale qu'inspirait l'essence même des principes du

La descente de voiture de Selamlyk)

Coran. Cela déplut au Sultan. L'auteur fut arrêté, embarqué et exilé à la Mecque ; le ministre reçut, pour avoir permis la publication de l'ouvrage un blâme sévère de la Chancellerie Impériale qui, motivant la mise à l'index de ce livre, déclarait qu'il contenait des « *hadis* (1) nuisibles. » (*Ehadissi-Mouzirrè*). La chose s'ébruita et provoqua parmi les ulémas d'autant plus d'indignation que la qualification de « nuisibles » appliquée aux hadis constitue une injure sacrilège à l'égard de Mahomet.

*
* *

De ce qu'Abdul-Hamid n'est pas bon musulman, il ne faudrait pas conclure qu'il aime les chrétiens ; il les déteste, au contraire, et emploie fréquemment le mot *giaour* pour désigner un infidèle ou insulter un musulman.

Cela ne l'empêche pas, d'ailleurs, de simuler selon les circonstances, non seulement de la tolérance, mais même du respect pour les divers cultes et confessions.

(1) On désigne sous ce nom les préceptes du Prophète ne rentrant pas dans le Coran.

Recevant le Patriarche Œcuménique, il lui dira que l'orthodoxie est la plus forte des religions ; au Patriarche chaldéen, que sa confession est la plus logique ; au Grand-Rabbin, que la loi de Moïse se rapproche le plus de celle du Prophète. L'ancien Grand-Maître des cérémonies, Munir-Pacha, racontait à ce propos une anecdote significative : Le Sultan vantait un jour longuement à Mgr Bonnetti, délégué apostolique à Constantinople, au cours d'une audience accordée à Sa Béatitude, la grandeur du catholicisme et la gloire de la papauté, avec une ferveur dont Monseigneur paraissait profondément ému. L'audience terminée, comme Munir-Pacha revenait d'accompagner le prélat : « L'imbécile ! dit le Khalife en riant aux éclats, il a cru tout ce que je lui ai débité ; il en avait même les larmes aux yeux ! »

Le Sultan méprise les chrétiens mais plus encore les renégats ; cela tient peut-être à ce qu'il eût jadis un favori né chrétien et converti à l'islamisme, Georges A....., qui appartenait à une des plus illustres familles du Phanar ; s'étant fait musulman autant par caprice que pour plaire à Abdul-Hamid, il devint son aide de camp et prit le nom de Seïfoullah, sous lequel il fut très influent grâce au prestige que lui donnaient aux yeux de son maître ses connaissances spéciales en alchimie, en astrologie, en magie et autres sciences occultes auxquelles le Padischah s'est intéressé dès son adolescence. Plus tard, Seïfoullah ayant été convaincu de conspiration contre la vie de son protecteur, les choses tournèrent mal pour lui : il fut exilé à Benghazi où il mourut assez mystérieusement.

*
* *

Quoiqu'en disent la plupart des Turcs, il est difficile de croire qu'Abdul-Hamid ait, comme son cousin Youssouf-Izzeddin (1) la haine du peuple. Mais, tout en redoutant ses sujets et tout en cherchant la popularité, le Sultan professe à leur égard de l'indifférence et du mépris. Il voit dans son peuple un vil troupeau qu'il peut dévorer sans pitié, et à qui, comme le lion de la Fable, il fait beaucoup d'honneur en daignant le croquer. Un jour, nous fûmes bien surpris d'entendre Ahmed-Midhat Effendi — un écrivain de valeur qui

(1) Fils aîné d'Abdul-Aziz, prince orgueilleux, fanatique, détestant le peuple turc qu'il considère comme responsable de la triste fin de son père.

a eu le tort de se laisser gagner par le Sultan — traduire le propre sentiment de son maître là-dessus, en nous disant que la Turquie est indigne d'un si grand génie ; que tous ceux qui médisent de ce grand prince sont des ennemis de la patrie, des ingrats, des aveugles ; qu'Abdul-Hamid eût du régner sur la plus grande nation du monde, etc., etc. Cela dura ainsi longtemps et le thuriféraire impérial apportait à sa besogne une conviction apparente qui nous amusait, pendant que le troisième auditeur de cette tirade comique, Youssouf-Zia Pacha El-Khalidi approuvait d'un déférent hochement de tête, tout en nous décochant une œillade amicale pour nous engager à imiter son sage exemple.

Si le Sultan a trop bonne opinion de soi-même, il faut reconnaître qu'en revanche, il rend pleinement justice à ses ministres et à tout son entourage, à qui il a voué un mépris que toute la Turquie indépendante partage avec son Padischah. Un jour, qu'il causait avec le Cheïkh-Zafer, il esquissa les portraits moraux de la plupart de ces personnages et notamment d'Izzet-Bey, son ancien favori ; du célèbre Ebul-Huda, du fameux Loufti, son conseiller, du fils de celui-ci Faïk-Bey, pourtant son chambellan favori, de Hadji-Ali-Bey et de Nouri Pacha ses premier et deuxième chambellans, et détailla leurs qualités en termes que la plume à quelque pudeur à transcrire.

Une autre fois que le célèbre orientaliste M. Vambéry, assis près du Sultan, devisait délibérément de choses et d'autres, Sa Hautesse l'écoutait avec une satisfaction manifeste. Au fond de la pièce, debout et adossé contre la porte, Saïd-Pacha — un des hommes d'Etat de la Turquie doué d'une intelligence qui pour être remarquable n'en a pas moins été néfaste à son pays — assistait à l'audience, les mains croisées, le dos voûté, en une posture de profonde humilité et d'ennui, trop loin qu'il était du Sultan et de son interlocuteur pour rien saisir de leur conversation. Le sujet en étant les questions intérieures, Vambéry parla de réformes, et crut flatter son auguste interlocuteur en faisant l'éloge de ses ministres. Le Sultan se mit à rire : « Eux ? des idiots ! dit-il. En voulez-vous une preuve ? » Et comme Vambéry protestait aimablement, Sa Majesté élevant la voix : « N'est-ce pas ainsi ? » demanda-t-il à Saïd-Pacha. —« Oui, Sire, s'empressa de répondre le Grand-Vizir. » Alors Abdul-Hamid se tournant vers son hôte : « Que vous disais je ? fit-il triomphant, et ils sont tous comme celui-ci ! »

On peut voir par là en quelle estime le Padischah tient ceux qu'il associe à sa puissance. Il ne les considère que comme de passifs automates, qu'il briserait s'ils faisaient jamais un geste que sa volonté toute puissante n'eût pas commandé.

*
* *

L'ancien Grand-Maître des cérémonies, Munir-Pacha disait : « C'est Abdul-Hamid qui a corrompu son entourage ». Il est plus juste de dire que c'est pour sa corruption que le Sultan l'a choisi ; nous ne pouvons non plus admettre les arguments de ces casuistes qui essaient de laver le Sultan des taches de son règne, en disant qu'il subit l'influence d'une camarilla réellement odieuse s'il en fut jamais ; qu'il est constamment trompé, que la vérité n'a jamais pénétré jusqu'à lui, et que, d'ailleurs, il lui était impossible de sauver un Empire qu'il a trouvé en pleine décomposition.

Mais si tous les maux dont agonise la Turquie sont l'œuvre de son entourage, à plus forte raison sont-ils la sienne propre, puisque lui seul tient en mains les fils de ces pantins qui n'agissent que par lui et qui n'ont même jamais pu seulement montrer un vague désir d'initiative.

La vérité est qu'Abdul-Hamid est très opiniâtre dans ses idées, et que s'il ne subit que de mauvaises influences, c'est qu'elles sont les seules qu'il veuille bien recevoir ; il ne suit les conseils qu'on lui donne que lorsqu'ils sont en tout conformes à ses intentions.

Après les massacres de Constantinople, il demanda à plusieurs personnages leur avis sur la ligne de conduite à suivre pour rétablir la paix dans le pays ; un des rares hommes de cœur et de conscience qui se soient égarés dans Yildiz, le chambellan Emin-Bey, l'engagea à une réforme profonde et radicale, dans un sens libéral, et présenta un projet dans ce sens ; depuis ce jour il est en disgrâce. Par contre, il a suffi qu'Izzet-Bey lui conseillât de nouvelles mesures de rigueur, pour qu'il devînt le favori omnipotent qu'on se rappelle. Comme tous les tyrans, Abdul-Hamid ne peut souffrir autour de lui que la soumission, la passivité la plus absolue.

On a dit encore que le Sultan était constamment trompé sur la vérité des choses. Cette assertion est en partie fausse ; car s'il est souvent induit en erreur sur certains cas particuliers, en revanche il voit assez clair autour de lui, et apprend bien des vérités, grâce à sa curiosité et à sa méfiance excessives et aux innombrables rapports de ses espions. En tous cas il n'ignore point les tristes conditions où il a réduit le pays ; mais c'est là un détail qui le laisse indifférent.

Quant à dire qu'il lui était impossible de sauver son Empire, est-il besoin d'insister sur le peu de fondement d'un tel argument ? Abdul-Hamid n'a jamais entrepris de relever le pays. Bien au contraire, il a tout fait depuis vingt-cinq ans pour le ruiner. Il a étouffé le libéralisme naissant qui pouvait être pour son peuple une résurrection ; il a égorgé son indépendance au berceau, s'est emparé du pouvoir par l'intrigue, l'a retenu par la force et la ruse et concentré par la violence ; il a paralysé le patriotisme, baillonné la vérité, enchaîné l'indépendance des consciences ; il a massacré des populations entières de son Empire, qu'il a du reste laissé morceler par l'étranger. Et, ne s'occupant qu'à consolider le trône où il s'est promis de rester à tout prix, il a puisé les éléments de sa force oppressive dans le favoritisme, l'espionnage, l'ignorance, l'anarchie administrative, la tyrannie, les cruautés, la corruption ; dans les rapines de ses favoris gorgés d'or, dans leurs querelles, et dans toutes les iniquités, toutes les violences et toutes les injustices.

Abdul-Hamid a fait le plus effroyable abus de deux

devises combinées qui, appliquées, chacune à son tour, dans un Etat autrement puissant que le sien, l'ont deux fois ruiné : « *L'Etat c'est moi* » et « *Après moi le déluge.* »

Mais qui sait si le déluge qu'Abdul-Hamid prépare à son successeur ne bouleversera pas le monde ?

Yildiz

En 1832, le Sultan Mahmoud, grand père d'Abdul-Hamid, fit construire, au sommet de la colline de Béchiktach, sur la côte européenne du Bosphore, un kiosque de petites dimensions entouré d'un grand jardin et le baptisa du nom gracieux de *Yildiz* (Etoile).

En 1844, le père d'Abdul-Hamid, le sultan Medjid, abattit ce pavillon et le remplaça par un plus grand dont il fit sa garçonnière ; il y recevait ses favorites et particulièrement une Circassienne du nom de *Yildiz*, qu'il aimait entre toutes.

Plus tard Abdul-Aziz agrandit le parc et l'étendit jusqu'au palais de Tchéragan, situé au bord de la mer. Il fit en outre bâtir de jolis pavillons, semés çà et là dans le parc, où ils s'élèvent encore, légèrement modifiés ; ce sont *Tchit-Kiosque*, *Malta-Kiosque*, *Tchadir-Kiosque*, etc., etc., et le plus grand de tous où sont les bureaux des chambellans, auquel est resté le nom de Yildiz, mais qui est plus particulièrement dénommé *Mabéïne* (la Cour).

Quelques mois après son avènement au trône et dès le début de la guerre russo-turque, époque où se déclara la monomanie de persécution dont il est atteint, Abdul-Hamid qui, redoutant le voisinage de la mer et celui de ses sujets, ne se sentait plus en sûreté dans le splendide palais de Dolma-Bagtché, qu'avaient successivement habité Aziz et Mourad, transporta sa résidence dans le domaine de Yildiz, admirablement situé au point de vue stratégique. Il en agrandit le parc et, de la colline de Béchictach, l'étendit jusqu'à celle d'Ortakeui, achetant, mais surtout accaparant beaucoup de terrains publics et privés, démontrant par ces procédés toute la justesse du proverbe arabe qui dit : « Soyez le voisin du feu plutôt que celui du Sultan ».

Il se retrancha dans Yildiz comme s'il y devait

subir un siège, s'y fortifia et n'a jamais cessé depuis d'en multiplier les moyens de défense et d'y assurer sa sécurité dont dépendent son trône et sa vie.

Dès lors, à l'intérieur de l'immense domaine, poussa toute une rapide floraison de kiosques, de pavillons, de chalets, de belvédères, hétéroclite confusion de tous les genres et de tous les styles.

De véritable palais, il n'y en a point à proprement parler. Nulle pensée maîtresse, nulle inspiration raisonnée n'est visible dans ce chaos de bâtiments constituant la résidence impériale ; mais on sent partout, à Yildiz, les caprices inquiets et contradictoires d'un esprit fantasque. « Il semble, nous disait un de ses architectes, que le Sultan y est campé, prêt à plier bagage à la moindre alerte ».

On construit, on démolit, on bâtit pour recommencer à démolir et réédifier sans cesse ni repos, tout le long des trois cent soixante cinq jours de l'année, pendant lesquels les architectes du Palais étudient un chiffre moyen de deux cents projets de bâtiments nouveaux.

Heureusement pour eux, une grande partie de leurs plans et de leurs devis s'en vont dormir dans les tiroirs de Sa Majesté, car ils ont sans cela assez et trop de besogne.

Abdul-Hamid a la manie de bâtir, une manie innocente, celle-là, se rattachant, paraît-il, au préjugé bizarre de quelques Orientaux qui croient que plus un homme construit, plus il vivra longtemps.

Bon nombre d'architectes et d'ingénieurs européens, sont engagés au service du Sultan ; comme il se méfie d'eux aussi bien que de tout le monde, il rend leur tâche très difficile en leur imposant une foule de précautions absurdes destinées à entourer du secret le plus absolu tous leurs travaux : plans, projets et constructions en cours d'exécution, dans la crainte que des détails de cette nature venant à être divulgués ne facilitent à des conspirateurs imaginaires quelque audacieux coup de main.

Cette prudence ridicule cause souvent aux constructeurs une gêne réelle : ainsi par exemple, il leur est formellement interdit de mesurer autrement que par des pas la distance séparant deux bâtiments.

Si Yildiz est comme nous l'avons dit une barbare macédoine d'habitations disparates, c'est surtout à la peur d'Abdul-Hamid et aux nécessités qu'elle a tyranniquement imposées dans la construction, la composition des façades, la distribution des appartements et jusque dans les détails les plus infimes, qu'il faut attribuer ce défaut d'harmonie ; car il ne manque pas

Kiosque à Yildiz, ayant servi de résidence à Guillaume II lors de sa première visite à Abdul-Hamid

d'un certain goût naturel et de dispositions pour l'architecture, où il montre une préférence marquée pour le moderne et même pour le nouveau. Plus d'un croquis, crayonné de sa propre main, a surpris ses architectes. Il comprend très bien leurs explications et saisit la justesse des observations qu'ils lui font, mais il ne leur cède jamais et tout finit par se faire comme il le veut. Il est pour eux un client fort ennuyeux, qui les tyrannise et les exaspère durant tout leur travail. Ainsi, par exemple, il ne trouve jamais les murs assez solides, et en fait doubler l'épaisseur, au risque d'alourdir l'aspect de la façade et de gêner la distribution intérieure.

La manie qu'il a de se mêler de tout et d'étendre sa surveillance tracassière aux plus petites choses va, surtout depuis ces dernières années, jusqu'à l'excès. Pour la moindre construction, il exige qu'il soit fait une petite maquette excessivement étudiée, où les moindres détails sont indiqués avec la minutie la plus consciencieuse, de façon à ce que le bâtiment qu'il fait élever n'en soit qu'un agrandissement mathématiquement exact. Il y compte lui-même d'avance jusqu'au nombre des briques qui doivent être employées dans la construction, et garde ce modèle, après l'avoir fait signer par l'architecte sur chacun des côtés qui représentent les façades de l'édifice, afin de pouvoir vérifier plus tard si ses prescriptions ont été strictement suivies. Ce sont là des mesures de prudence et des préoccupations de sécurité qui semblent nécessaires au Sultan, mais dont la portée nous échappe.

*
* *

Le domaine de Yildiz est entouré d'un immense mur de clôture que le Sultan, en 1898, a fait reconstruire par place et exhausser d'une dizaine de mètres, pour en rendre l'escalade impossible, et contre lequel sont adossés un grand nombre de corps de garde et de casernes où logent les régiments de la garde impériale, la troupe la mieux soignée de l'Empire et dont la condition contraste fort avec celle du reste de l'armée ottomane.

Dans la partie septentrionale de cet immense enclos se trouvent la résidence particulière du Sultan, celle de ses fils, et son harem, formant un groupe de bâtiments enfermé dans un second mur intérieur de quatre mètres d'épaisseur dessinant un hexagone qui constitue ce qu'on appelle couramment la *Petite Enceinte du Palais*, dont les portes de fer, ne s'ouvrant qu'à l'extérieur, ne sauraient être enfoncées en cas d'émeute populaire ou de sédition des troupes.

Toute la partie ouest de cet hexagone est occupée par le Harem, communiquant avec le pavillon impérial au moyen d'une galerie, et séparé de la résidence des princes par une haute muraille. Le Sultan habitait autrefois *le petit Mabéïne* à l'intérieur du Harem, mais aujourd'hui, le souci de sa sécurité l'oblige à s'isoler même de ses femmes.

La résidence personnelle du Sultan est une gracieuse et simple construction en bois, du genre chalet, qui contient environ vingt-quatre pièces dont l'ameublement, d'un luxe très riche, est néanmoins lourd et de mauvais goût.

Le tremblement de terre de 1894, durant lequel Abdul-Hamid campa quelque temps sous une tente, le détermina à faire bâtir un autre petit kiosque, composé de onze pièces seulement, établi sur un rocher artificiel de béton, et dont les murs construits en ciment armé, n'ont à craindre ni l'incendie ni les trépidations du sol ; de plus les treillis de fer cachés dans leur épaisseur semblent au prudent Sultan une excellente défense contre les projectiles!

Ce petit kiosque, qui communique avec le plus grand par un vestibule, est entouré d'une galerie où la nuit les *silahchors* (1) albanais montent la garde, armés jusqu'aux dents.

A l'intérieur, les tentures et les tapis sont en soie de la fabrique impériale de Héréké, et les marqueteries sont faites des bois les plus précieux. Les portes, incrustées de nacre et d'ivoire, ont toutes des serrures compliquées à ressorts cachés. On assure même que ce kiosque contient un retrait mystérieux communiquant avec une dizaine de chambres secrètes qui constituent un véritable labyrinthe, où la nuit le Sultan sait trouver un gîte sûr, connu de lui seul et du fidèle serviteur qui couche à sa porte.

Sous ce petit kiosque, Abdul-Hamid a fait creuser une trappe où il a seul accès et qui cache un coffre-fort renfermant ses bijoux, ses valeurs de banque et ses documents les plus secrets.

La résidence du Sultan est bordée, d'un côté, par le Théâtre, de l'autre par le kiosque de la Cascade, d'où l'on découvre une vue superbe sur le Bosphore, et où le Padischah, quand il en a le temps et le loisir, aime à venir faire son *kief* (2).

(1) Gardes albanais.
(2) Le *dolce far-niente* des Orientaux.

Un salon au Merassim

Devant le kiosque, le Sultan a fait creuser un étroit bassin appelé pompeusement le *Lac*, qui lui permet de faire du canotage sans aller jusqu'à un grand étang situé hors de la petite enceinte du Palais. Ce bassin, entouré d'une multitude de cascades artificielle a coûté des sommes énormes, et a exigé des travaux de remblai d'une hauteur de huit mètres. Le long de ses bords, de petits débarcadères simulent ceux des différentes campagnes du Bosphore ; sur ses eaux, au milieu desquelles s'élève un îlot, dort toute une flottille de canots à voile, à vapeur ou à moteurs électriques.

Un long corridor, dont le Sultan conserve la clef et qui constitue sa galerie de tableaux, part de sa résidence et aboutit au palais de *Mérassim* ou des Cérémonies, situé en dehors de la petite enceinte hexagonale, et élevé à l'intention de l'Empereur Guillaume II. Il a trois étages, occupe une superficie de 1500 mètres carrés, et a coûté un million et demi de francs, y compris la décoration et l'ameublement ; actuellement, c'est là que les princes impériaux vont prendre leur leçon de musique.

A l'entrée de la petite enceinte du Palais, le Sultan a édifié l'année dernière, en brique et ciment armé, un pavillon aux vitraux peints du goût le plus exquis ; il couvre une surface de 400 mètres carrés et se compose de onze pièces. C'est, dit-on, la satisfaction d'un caprice de femme. Ce petit palais, d'un style moderne des plus agréables, a été surnommé abusivement le *Petit Trianon*. Le Sultan l'a inauguré en en faisant dernièrement les honneurs au baron de Calice, ambassadeur d'Autriche à Constantinople. Munir-Bey, l'ambassadeur ottoman à Paris, a réussi, à se faire charger de l'installation intérieure ; le distingué diplomate, qui se double d'un excellent homme d'affaires, a déjà fait dépenser à son maître plus de deux millions pour une décoration de pacotille qui serait mieux à sa place dans une maison de rapport que dans les appartements d'un souverain.

*
* *

Yildiz est une résidence impériale *sui generis*. C'est toute une ville, comprenant des fabriques, des fermes, qui ne fonctionnent que pour les commodités et l'usage exclusif d'Abdul-Hamid et de sa cour. Citons le *Taamirhané* ou atelier de réparation, vaste installation modèle, comprenant une scierie, une fonderie, une serrurerie, un atelier d'ajustage, etc.

Citons encore une manufacture de porcelaine — où sont engagés bon nombre d'ouvriers céramistes français — un arsenal, qui sert en même temps de musée et contient de très riches collections d'armes orientales et européennes, anciennes et modernes, armes à feu, de luxe ou de guerre : Winchesters, Martinis, Mausers, canons Krupp, canons à tir rapide (1), mitrailleuses Maxim, etc. etc... entassées là en vue du cas où le Sultan aurait à repousser une attaque ; Yildiz contient en outre un Musée, dont une partie renferme la Bibliothèque impériale, et l'autre de riches collections de bibelots, de miniatures sur parchemin, de porcelaines, d'émaux, de bijoux et de toutes sortes d'objets d'art ; un autre, d'histoire naturelle ou plutôt d'animaux empaillés ; un Observatoire, fort bien aménagé ; un magnifique Hammam, et deux mosquées dont l'une pour le service de Sa Majesté, et l'autre située à l'extrémité la plus éloignée, réservée aux troupes de sa garde etc., etc.

(1) Si l'Arsenal de Yildiz possède des canons à tir rapide, l'armée ottomane n'en est point munie. Il est vrai que depuis quatre ans on négocie avec la maison Krupp l'achat de dix-huit batteries de ces canons ; mais les pourparlers engagés à ce sujet ne semblent pas devoir aboutir.

Les écuries impériales sont au nombre de quatre La plus petite, isolée dans le parc privé du Sultan, est réservée aux superbes pur-sang qu'il monte. Les trois autres contiennent chacune une centaine de chevaux de selle et d'attelage. L'une d'elles est admirablement installée et aménagée d'après toutes les règles de l'art, grâce aux soins de l'ex-grand-écuyer-général Izzet-Pacha.

Actuellement une cinquième est en construction.

Dans un box particulier, situé à proximité du lac, est luxueusement logé un admirable cheval blanc, magnifique présent du Czar.

Attenant aux écuries se trouve le manège, où les princes impériaux sont initiés à l'équitation. Une galerie vitrée, surmontée d'un balconnet, permet à leur père d'assister parfois aux leçons. Il montait lui-même assez bien autrefois et, il y a quelques années, faisait encore fréquemment à cheval le tour de son immense parc, accompagné d'un de ses fils, particulièrement d'Ahmet-Effendi, celui des princes qui est le meilleur cavalier ; mais au cours d'une de ces promenades, un accident se produisit qui fut cause qu'elles cessèrent : le Sultan ayant voulu visiter, en passant, la fabrique de porcelaine, on la fit évacuer d'avance, selon une habitude prise déjà, par tous les ouvriers qui y travaillaient ; l'un d'eux s'étant caché derrière un buisson, en surgit brusquement et s'avança vers l'impérial visiteur pour lui remettre une supplique. Le cheval du Sultan se cabra à cette vue et faillit désarçonner son cavalier qui crut à un attentat et, tremblant de frayeur, ordonna l'arrestation de l'audacieux solliciteur. Ce malheureux fut remis entre les mains de Hadji-Hassan-Pacha, commandant militaire de la place de Béchiktach et exécuteur secret des hautes œuvres — on n'a plus jamais revu cet homme ni entendu parler de lui.

*
* *

Le Sultan a une prédilection marquée pour les animaux et possède une véritable petite ménagerie à Yildiz, comprenant des fauves et maintes bêtes apprivoisées et dressées. Au cours de ses promenades, des gazelles, des chèvres d'Ecosse, des mouflons, des chamois, viennent d'eux-mêmes au devant de lui et reçoivent de ses propres mains des fruits et autres douceurs. Par une contradiction d'ailleurs assez orientale, il a un goût très vif pour les combats de béliers, de même qu'Abdul-Aziz aimait ceux des coqs.

De magnifiques chenils, ainsi qu'un hôpital pour chiens, occupent une place spéciale dans son parc ; les meilleurs spécimens des plus belles espèces de la race canine y sont confortablement installés, et offrent un contraste singulier avec leurs misérables congénères des rues de Constantinople.

La bestiophilie d'Abdul-Hamid va ju qu'à l'emporter sur les préoccupations diplomatiques, les plus graves. En 1882, Gladstone au sortir d'une séance de la chambre des lords fit une communication importante à Mussurus-Pacha, au sujet de la question d'Egypte, communication que l'ambassadeur ottoman transmit immédiatement à Constantinople demandant une réponse d'urgence. Anxieux, il attendit trois jours sans que le Sultan donnât signe de vie. Dans la nuit qui suivit cette troisième journée, il respira croyant trouver enfin la réponse de son maître dans une longue dépêche chiffrée qu'on le réveilla pour lui remettre. Mais quelle ne fut sa surprise de voir que ce n'était qu'une commande de mouflons dont Abdul-Hamid voulait peupler son parc !

Le Souverain est aussi grand amateur d'oiseaux, et le Mikado a été bien inspiré en lui envoyant l'année dernière une riche et précieuse collection des plus rares volatiles de l'empire du Soleil Levant.

Ses préférés entre tous sont les pigeons et les perroquets, dont il possède des centaines de couples. A chaque pas, dans Yildiz, on rencontre des volières qui en sont pleines. Mais avant d'être ornithophile, Abdul-Hamid est sultan. Un jour, comme il se trouvait dans sa chambre, un de ses perroquets favoris perché sur sa fenêtre se mit tout à coup à crier : « Djafer-agha ! Djafer-agha ! ». L'eunuque Djafer, ayant cru entendre la voix de son maître, tant elle était était bien imitée, se présenta — sans avoir été appelé par lui — ce qui mit le Padischah dans une telle fureur que, saisissant le malheureux oiseau, il lui tordit le cou de ses propres mains, en disant : « Dans ce palais il ne doit y avoir qu'une voix pour commander ! »

Le Sultan, grand amateur d'horticulture, a fait construire dans son domaine de vastes serres où croissent des plantes (1) et des fleurs d'une beauté incom-

(1) Notons cependant que le Sultan ne permet point aux beaux arbres de son domaine de croître démésurement; et les jardiniers de Yildiz procèdent fréquemment en été à des émondages, afin que Sa Majesté puisse plonger ses regards jusque dans les coins les plus reculés de son parc.

parable ou d'une rareté précieuse. Il y a lui-même cueilli, pour l'impératrice d'Allemagne, lors du séjour qu'elle fit à Yildiz, un bouquet vraiment merveilleux, au milieu duquel il fit placer une rose artificielle portant piqué parmi ses pétales, un gros diamant tiré du Trésor impérial.

La plus belle de ces serres est celle qui se trouve à proximité du *Petit Trianon*. Son armature était en fer forgé et en bronze, traitée dans le style Louis XV, et rehaussée de dorure à l'intérieur ; un jour, quelqu'un ayant dit au Sultan que le bronze attire la foudre, il en fit sur le champ bannir ce *dangereux* métal. Seule une grosse boule de bronze surmontant le faîte a été épargnée.

Abdul-Hamid a installé daus ses appartements le téléphone et l'éclairage électrique, mais n'en a jamais permis l'établissement à Constantinople, si indispensables qu'ils soient à une grande capitale ; il a pensé que les conspirations seraient grandement facilitées par le téléphone, ce messager fidèle et invisible qui défie toute surveillance (1). Les ministres de l'époque ont encouragé chez leur maître cette croyance absurde, et sont allés jusqu'à lui persuader qu'une cartouche de

(1) Pour la même raison, il a fait interdire l'élevage des pigeons voyageurs.

Salle à manger au palais de Merassim (Yildiz)

dynamite appliquée à un bout du fil conducteur pourrait le tuer à distance ! Il faut dire que Leurs Excellences avaient un puissant intérêt à lui interdire ainsi le moyen de les appeler à tout instant au Palais et de les avoir continuellement sous la main, ce qui était pour eux un supplice épouvantable durant les crises politiques qui affolaient leur Souverain.

L'éclairage électrique lui inspire la même horreur, et s'il l'emploie pour lui-même dans ses appartements, il s'oppose obstinément à ce qu'il soit installé dans la capitale et même dans le reste du Palais. Aussi toutes demandes de concessions à ce sujet ont-elles été impitoyablement repoussées malgré les avantages financiers promis à Sa Majesté et les généreux *bakchichs* distribués à ses conseillers par les infortunés solliciteurs.

A l'heure actuelle, Constantinople est la seule capitale qui ne soit encore éclairée qu'au gaz, et ses habitants sont condamnés à une quasi-obscurité pour tout le temps que vivra le Sultan actuel (1).

Les hôtels de Péra-Palace et de Summer-Palace, les locaux de la Banque Ottomane et de la Dette Publique, ainsi que la résidence du philanthrope grec

(1) Par contre Abdul-Hamid a autorisé l'éclairage électrique de Smyrne et de Salonique.

M. Stéfanovich à Moda, sont les seuls édifices éclairés à l'électricité, grâce à l'entrée en contrebande des dynamos et moteurs nécessaires.

La raison de cette obstination est expliquée par cette circonstance qu'Abdul-Hamid a eu connaissance du danger des explosions électriques qui peuvent résulter des courants à haute tension produits par l'agglomération des câbles conducteurs.

Et toute explosion atteignant la ville pourrait faire sauter Yildiz !

Il redoute tellement une catastrophe de ce genre que le simple mot *dynamo* l'horripile par sa parenté, pourtant purement étymologique, avec le nom de la dynamite, matière pour laquelle il nourrit la plus profonde horreur !

Il y a dans les ateliers de la grande maîtrise d'Artillerie un officier de mérite du nom d'Ali-Bey qui par malheur, a reçu de ses camarades, pour avoir étudié, spécialement en Allemagne, la fabrication des explosifs, le surnom de *Dynamittchi* (dynamiteur). Cet officier n'a jamais obtenu le moindre avancement depuis qu'il est affligé de ce surnom fatal.

Le Sultan, qui a une peur affreuse de la foudre, se méfie cependant du paratonnerre, croyant que celui-ci attire celle-là et craignant que l'étincelle électrique, au lieu de suivre docilement sa chaîne conductrice jusque dans la terre, ne dévie en chemin et ne vienne le frapper.

Le général Abid-Pacha, exilé depuis, ayant fait poser une tige protectrice sur la Tour aux Horloges de Yildiz fut sévèrement réprimandé et dut faire immédiatement enlever le dangereux engin par l'ingénieur qui l'avait posé.

Abdul-Hamid frappe du même interdit l'aérostation, qui est encore une de ses *phobies*.

Outre que les ballons deviennent en cas de besoin des émissaires insaisissables et incorruptibles, ils pourraient remplir un rôle plus terrible encore, et planant au-dessus de Yildiz, permettre à quelques audacieux *dynamittchi* de faire pleuvoir sur le Kiosque impérial l'explosif abhorré.

L'été dernier toute une brigade d'agents de police, conduits par des officiers de Sa Majesté, ont poursuivi un ballon qui s'élevait de l'autre côté du Bosphore : le coupable appareil une fois capturé, l'enquête établit qu'il s'agissait d'une très innocente démonstration dont le professeur d'un lycée avait accompagné sa leçon de physique.

*
* *

Adossés contre la face extérieure de la haute muraille qui entoure la résidence du Sultan s'élèvent les *daïrés* ou bureaux des chambellans, secrétaires, maîtres de cérémonies, grands espions, et autres fonctionnaires de la Cour, foyers d'intrigues, de rapines et de machinations. Plus loin, dans l'immense parc, on rencontre de nombreux kiosques que le caprice du Souverain a créés sans que l'existence de la plupart d'entre eux soit justifiée par un usage quelconque. La plupart des kiosques de Yildiz comme par exemple, le Malta-Kiosque, célèbre par la détention qu'y a subie le Sultan Mourad, et où se déroula le célèbre procès de Midhat, le Tchadir-Kiosque, et maint autre, servent souvent de prison préventive aux personnes qui, accusées par des espions de crimes plus ou moins graves, sont, sur le désir du Sultan, interrogées à Yildiz par les chambellans ou secrétaires faisant office d'inquisiteurs plutôt que de juges d'instruction. Le plus souvent Abdul-Hamid assiste, invisible, à ces interrogatoires et suit lui-même l'enquête, caché derrière un rideau.

Fréquemment, durant ces audiences, les prévenus sont soumis à la question, comme cela se passe dans les prisons d'Etat ou dans les cachots de la caserne de Tach-Kichla (1). Et les tortures, au moyen desquelles on leur arrache de prétendus aveux ou dénonciations de complices, sont de la plus odieuse cruauté.

Il y en a d'inédites, comme par exemple, celle qu'inventa et recommanda aux bourreaux de Yildiz le *Kiathané Imamy*, bouffon du Sultan, qui consiste dans la pression graduelle des parties sensibles du corps, et qui a l'*avantage* de faire souffrir horriblement et de n'amener que rarement la mort ; cependant, en effet, plusieurs patients qui y furent soumis, ne pouvant résister à la douleur, expirèrent dans les mains des bourreaux. Un autre supplice, inédit et plus atrocement raffiné, consiste dans l'application d'œufs bouillants sous les aisselles ; il n'en est pas de pire, dit-on, et la souffrance qu'il cause bouleverse si profondément l'organisme et révolte à un tel point le système nerveux, que les malheureux

(1) Cette caserne située à proximité de Yildiz, doit une sinistre renommée aux drames qui s'y déroulent. Un conseil de guerre extraordinaire y siège sous la présidence d'un militaire indigne de porter l'épée — Réchid-Pacha — qui juge arbitrairement, sans appel et en secret, les jeunes militaires soupçonnés de libéralisme.

condamnés à le subir sont bientôt atteints de folie.

C'est à cette torture qu'a été, dit-on, soumis l'eunuque Mouzaffer-Agha, exilé l'année dernière à la Mecque sous l'accusation ridicule d'avoir divulgué des secrets de Yildiz à l'ambassade d'Angleterre. La privation de sommeil est aussi un supplice qu'emploie souvent le maréchal Zekki-Pacha à l'École Militaire, et il est fréquent que les malheureux élèves qui l'endurent y laissent leur raison.

Nous pourrions nous étendre sur cet horrible sujet et énumérer cent autres barbaries dont Yildiz est le théâtre. Bornons-nous à dire que toutes les tortures, les plus classiques comme les plus nouvelles, les plus grossières comme les plus raffinées et savamment chinoises, sont cultivées avec amour dans ce *Jardin des Supplices*.

Les exécutions y sont beaucoup plus rares ; quelques condamnés insignifiants, des femmes, des eunuques par exemple, sont bien mis à mort, le cas échéant, dans les murs mêmes du Kiosque Impérial ; mais la majorité des exécutions n'a lieu que hors du Palais, et la plupart du temps dans les provinces lointaines où sont d'abord exilés les condamnés.

Il est rare que le Sultan ordonne la mort de quelqu'un d'une façon formelle ; sûr d'être compris à demi-mot, ses sentences mortelles sont presque toujours enveloppées dans d'hypocrites sous-entendus ; une phrase d'un tour très modéré, exprimant un vague désir, comme celle-ci : « Je voudrais bien que cet individu n'existât pas dans mon Empire », est considérée comme un arrêt très clair par les zélés exécuteurs des plus secrètes volontés du maître.

Pour certains personnages gênants, le procédé employé est encore plus discret, et sa simplicité ne manque pas d'une grandeur tout orientale. Abdul-Hamid, outre le sceau impérial, que son grand-vizir appose au bas des pièces officielles, et son sceau privé qui lui tient lieu de signature dans ses transactions financières, en emploie encore un troisième, portant en turc le nom lugubre de *Vour muhuru* qui signifie *cachet à frapper*. Un pli portant ce signe terrible étant remis à quelque officier de Yildiz, chargé d'accompagner un exilé, a le sens précis d'un arrêt de mort urgent et irrévocable.

*
* *

Dès huit heures du matin, les abords de Yildiz commencent à s'animer. Les secrétaires et chambellans arrivent un à un, puis les fonctionnaires attachés au service du Palais ; les innombrables espions, grands et petits ; les fournisseurs, les intrigants, les solliciteurs. Yildiz est le centre de toutes les affaires et de toutes les intrigues. Ce va-et-vient continuera d'une façon ininterrompue jusqu'au soir, pour recommencer le lendemain.

Par une contradiction qui paraît bizarre, au premier moment, jamais résidence de monarque n'a été si facilement abordable. Abdul-Hamid, qui est invisible à son peuple, qui a amoncelé entre lui et sa personne sacrée des barrières infranchissables, tient à ce que les plus humbles de ses sujets soient admis en son Palais. Ce n'est certes pas afin d'accueillir leurs requêtes, doléances ou réclamations, auxquelles il reste sourd ; c'est seulement à leurs dénonciations que son oreille est toujours ouverte ; il supprime toutes formalités, toutes difficultés d'accès pour les espions de bonne volonté qui peuvent lui apprendre des secrets l'intéressant, et, se gardant bien d'effaroucher leur zèle, il l'encourage au contraire en ordonnant qu'il leur soit fait l'accueil le plus large et le plus bienveillant.

D'ailleurs, le Sultan ne pourrait pas, quand même il le voudrait, détacher matériellement de la capitale ce Yildiz, véritable ville où vivent, sans compter les 7.000 hommes dont se compose la garde impériale, plus de 5.000 êtres humains : les femmes de son harem et leur suite, les esclaves et les eunuques ; les princes ses fils, leur maison et leurs gens ; puis ses chambellans, aides de camp, gardes du corps, musiciens, jardiniers, cuisiniers, écuyers, domestiques, palefreniers, valets, etc... Dans ce chiffre ne sont pas compris les nombreux ouvriers — maçons, terrassiers, charpentiers, etc... qui ont leur logement en dehors du Palais.

Un mois de traitement du personnel de Yildiz représente une somme de 35.000 livres turques, soit plus de 800.000 francs (1). Quotidiennement, les seules cuisines impériales préparent à Yildiz, pour chacun

(1) Chiffre officiel. En réalité, le montant de ces mensualités est bien supérieur. Ainsi, par exemple, le traitement d'un chambellan n'est sur le papier que de 30, 40 ou 50 L. T., alors qu'il reçoit des gratifications doubles, triples, quadruples, selon l'importance des services qu'il rend, sommes prélevées sur la cassette particulière du Sultan ; mais son moyen le plus habituel de récompenser les gens de sa camarilla, c'est de les laisser se créer toutes sortes de revenus illicites. C'est ainsi que Raghib-Bey, 3° chambellan, qui n'avait pas un drachme en entrant en service, possède aujourd'hui une fortune évaluée à 2 millions de livres turques (45.000.000 de fr.) provenant des pots de vin qu'il se fait payer pour appuyer auprès de son maître mille demandes de concessions ou de privilèges.

des repas, 1.700 *tavlas* (grands plateaux contenant des mets pour plusieurs personnes).

Ces chiffres sont trop éloquents par eux-mêmes pour que nous ayons besoin de les commenter. Ajoutons encore que le Sultan a une Liste Civile de 18.400.000 fr. (allouée annuellement par l'Etat) et un revenu de dix millions fourni par ses immenses domaines, ce qui lui constitue une rente annuelle de 28 millions et demi, total dans lequel ne sont pas compris les intérêts de ses capitaux déposés dans différentes banques de l'étranger, capitaux dont personne ne connaît le chiffre exact, mais qu'on évalue approximativement à 4 millions de livres turques (90.000.000 de fr.). Les allocations des princes et princesses, allocations d'ailleurs assez maigres et irrégulièrement servies, sont prélevées sur la Liste Civile du Sultan.

Quelquefois, le paiement du traitement qu'il reçoit de l'État subit des retards plus ou moins grands ; mais il va sans dire que cet arrière est réglé bien avant ceux des appointements des malheureux fonctionnaires et employés de l'Empire Ottoman, que le ministre des finances laisse, de plus en plus, dans la plus profonde détresse.

Depuis quelque temps, la Liste Civile est dans un

Salle à manger (Dîners de gala)

tel désarroi, à cause des folles dépenses de Yildiz, que les traitements du personnel inférieur du Palais sont payés irrégulièrement et avec la plus grande difficulté.

L'année dernière ces retards faillirent entraîner de graves conséquences pour le Sultan.

Les gardes albanais de Yildiz, ne recevant pas leur solde, se révoltèrent et allèrent en foule manifester leur mécontentement devant le local du ministère de la Liste Civile. Le fait fût aussitôt porté à la connaissance du Padischah qui, effrayé, ordonna au ministre qu'on fît tout pour apaiser les rebelles ; ce dernier, s'arrachant les cheveux, dut courir précipitamment à la Banque Ottomane, où il obtint à grand'peine un prêt qui lui permit de faire face au danger.

Si nous disons *à grand'peine*, c'est que, tout étrange que cela paraisse, il est avéré que Sa Majesté trouve difficilement des prêteurs ; Abdul-Hamid doit à beaucoup de monde, fait attendre bon nombre de ses fournisseurs, et parfois même oublie ses dettes. Un exemple particulièrement triste et instructif est celui de l'infortuné Serkis-Bey, l'éminent architecte du palais de Tchéragan. Le Sultan, qui l'avait chargé de plusieurs travaux à Yildiz, l'engageait continuellement à couvrir lui-même les frais de ces constructions, lui promettant de le faire rentrer bientôt dans ses déboursés. Toute la fortune de Serkis-Bey y passa vite, et il fut même obligé de faire hypothéquer ses propres immeubles. Après avoir vainement réclamé à son impérial client une somme de 70.000 L. T. qu'il avait payée pour lui, l'architecte se fâcha et partit pour Paris, d'où le Sultan le fit revenir par la promesse de s'acquitter sur le champ envers lui. Des ordres furent en effet donnés dans ce sens, mais ils restèrent lettre morte, si bien que l'année dernière le malheureux Serkis-Bey, vieux et désespéré, mourut de faim sans avoir jamais arraché un sou à son richissime débiteur.

*
* *

Ainsi qu'on vit, au temps de la décadence de Rome, les provinces travailler uniquement pour nourrir leurs Césars, de même aujourd'hui tout le labeur de l'Empire Ottoman et de sa capitale est absorbé par le Yildiz d'Abdul-Hamid.

Dès que ses finances sont obérées, le Sultan, peu soucieux d'entamer sa fortune privée, met la main sur les revenus de telle ou telle administration publique possédant par hasard ou par miracle des fonds de réserve ; s'il ne veut pas agir aussi directement, il accapare l'encaisse du ministère des finances et oblige ainsi celui-ci, pour récupérer la perte, à puiser de son côté dans les autres caisses de l'Etat. Par exemple (ces faits ont d'ailleurs provoqué l'indignation de ses sujets) les fonds de réserve de la Caisse des orphelins et de la Caisse des retraites civiles, n'ont pas même été épargnés, et, détournés de leur destination, ont pris récemment le chemin du Palais. Nul doute aussi qu'on ait donné la même affectation aux sommes recueillies par souscription publique pour les veuves et les orphelins créés par la dernière guerre gréco-turque, ainsi qu'à celles destinées depuis tantôt sept ans à la fameuse Exposition qui devait être organisée à titre permanent à Chichli, et qui ne verra jamais le jour !

Comme on le voit, Abdul-Hamid a inauguré un système financier à lui, et se fait de l'économie politique une idée fort originale. Il s'est d'ailleurs assez nettement expliqué là-dessus avec M. Vambéry, l'éminent orientaliste, qu'il a fait venir il y a quelque temps de Budapest pour le charger d'un projet d'études destiné à l'Université Ottomane, dont l'inauguration a coïncidé avec le vingt-cinquième anniversaire de son avènement.

Discutant au mois de mai dernier ce programme d'enseignement, le Padischah s'opposa énergiquement à la création d'une chaire d'économie politique. M. Vambéry a bien voulu nous raconter cette partie de sa conversation : « J'ai passé, nous disait-il au lendemain de son entrevue avec Sa Majesté, hier soir trois heures avec le Sultan pour lui expliquer qu'il serait nécessaire d'enseigner une science si importante. Il s'y refusa et finit par s'écrier : « Comment ! vous voulez qu'un de mes sujets vienne demain me dire : Votre système financier est mauvais ! il n'est pas conforme à la théorie ! Croyez-vous que je tolérerai jamais cela ? »

Aussi avare de son argent personnel que prodigue des ressources de la Turquie, Abdul-Hamid éprouve quelquefois le besoin de donner le change au pays et de lui jeter de la poudre aux yeux.

Il y a quelques mois, le public constantinopolitain tombait des nues en voyant les journaux de la capitale exalter, dans un touchant concert de louanges hyperboliques, la gloire du Souverain magnanime qui avait sacrifié ses propres intérêts à la prospérité de son peuple !

A l'appui de cette surprenante révélation, un bilan établissait, à l'aide de chiffres vertigineux, que le Padischah avait lui-même, depuis son avènement au trône, retranché de sa Liste Cìvile la somme colossale de 11 millions de L. T. (Soit près de 250.000.000 de fr.) pour en faire abandon à l'Etat !

Cette communication officieuse, si inattendue et qui, à ce qu'il paraît, n'avait été communiquée aux journaux qu'après de pudiques hésitations, scandalisa tout le monde, et parut d'autant plus maladroite que, loin de tromper le public, elle ne fit qu'attirer son attention sur le système financier du Palais et lui montrer combien tout contrôle est rendu impossible par l'absence d'un budget régulier.

Libre d'être prodigue quand il le veut, le Sultan donne beaucoup, donne à pleines mains, quand son intérêt, et surtout quand sa sécurité personnelle l'exige. Par exemple, aux espions dont les services lui semblent précieux il compte des sommes énormes à titre de gratifications et en dehors de leurs traitements, non par reconnaissance, mais pour stimuler leur zèle et celui de leurs imitateurs.

Par contre, là où ses intérêts ne sont pas directement engagés, là où il s'agit de faire le bien pour le bien, de secourir une infortune digne d'intérêt, la générosité fait place chez lui à la plus froide indifférence. Les personnes de son entourage le savent bien et acceptent rarement de présenter à leur maître les suppliques et demandes de secours qu'ils reçoivent des malheureux.

Récemment, Hadji-Ali-Bey, premier chambellan, supplié d'intervenir auprès du Sultan pour qu'il accordât quelques secours à un ancien fonctionnaire tombé dans la misère, répondit au fils de ce vieillard : « Mon enfant, savez-vous ce que m'a dit un jour Sa Majesté, lorsque je sollicitais d'Elle une faveur analogue ? Je n'ai pas d'argent. Si j'en avais en trop, je l'emploierais à nourrir mes troupes. »

Corrompu et corrupteur, Abdul-Hamid connaît à merveille la nature des tristes personnages dont il s'est entouré et le peu de confiance qu'il doit avoir en leur fidélité. Aussi a-t-il pris soin de les attacher à son sort par un lien dont il est sûr, l'intérêt. « Qu'ils volent, mais qu'ils me servent » telle est la devise impériale. Aussi la camarilla de Yildiz, forte de l'appui du maître tout-puissant, se livre-t-elle au pillage le plus effronté.

Disons cependant qu'il n'aime pas voir quelqu'un s'enrichir d'une façon excessive, et qu'il tarit subitement la source des richesses quand elles s'élèvent à un trop haut niveau. Il pense, non sans raison, que des fortunes si considérables dans les mains de ses serviteurs peuvent les rendre trop indépendants, trop puissants, et émousser leur zèle ; c'est pourquoi du reste il leur octroie ordinairement comme gratifications des terres, des immeubles, des mines, plutôt que des espèces ; car ce sont des dons qu'il peut toujours plus facilement reprendre quand ceux qui les ont reçus cessent à ses yeux de les mériter.

On raconte en Russie que pendant la guerre de Crimée, époque où les malversations des services de l'intendance et des transports atteignirent dans l'armée de Nicolas Ier des proportions vraiment incroyables, cet Empereur, après une enquête établissant la culpabilité d'une foule de fonctionnaires, grands et petits, s'écria douloureusement, en s'adressant au grand-duc héritier Alexandre :

« Hélas, mon fils ! il n'y a en Russie que deux hommes qui ne volent pas l'Etat : c'est toi et moi ! »

Le Sultan Abdul-Hamid n'osera jamais en dire autant à personne.

Arrivée de l'Empereur Guillaume à Constantinople

Abdul-Hamid chez lui

Le Sultan est très matineux ; il se lève, hiver comme été, entre quatre heures et demie et cinq heures du matin et, aussitôt, se couvrant d'un *entari*, long cafetan de mousseline flottante, se dirige, chaussé de pantoufles de cuir noir, vers sa salle de bain, modeste pièce aux parois revêtues de faïence. Son système d'hydrothérapie est des plus primitifs : quelques ablutions d'eau froide lui suffisent, et après un exercice sommaire, nécessaire pour amener la bienfaisante réaction, il passe dans son cabinet de travail où il prend un café à la turque préparé sous ses yeux par son *Cafedji-bachi* (1) Ali-Effendi ; il grille alors la première des innombrables cigarettes qu'il fumera sans interruption jusqu'à son coucher et qu'il aura toutes vu faire devant lui, toujours par crainte du poison.

Après une légère collation, composée d'œufs et de laitage, Abdul-Hamid s'attelle à sa besogne habituelle et à laquelle il consacre presque tout son temps : la lecture des rapports que ses espions lui font parvenir de tous côtés ; c'est habituellement son eunuque de confiance Djafer-Agha ou son premier aide-de-camp Tcherkess-Mehmet-Pacha qui vient assister au dépouillement de ce courrier *sui generis*.

Il parcourt également les traductions des articles parus sur son compte ou concernant l'Etat dans la presse étrangère, prend des notes afin de donner ses instructions aux agents qu'il a dans toute l'Europe, et de spécifier les démarches qu'ils devront faire auprès des journaux hostiles.

Vers dix heures il se fait servir son déjeuner, d'or-

(1) Cafetier en chef.

dinaire assez frugal, puis reçoit son premier secrétaire, Tahsin-Bey et ses chambellans, écoute leurs rapports leur donne ses ordres, et s'occupe enfin des affaires de l'Etat en chargeant son premier secrétaire de transmettre ses instructions aux ministres.

Ceux-ci sont reçus très rarement par le Sultan.

Quant à ses secrétaires, ils sont surmenés ; tous, à Yildiz, veillent chaque soir jusqu'à une heure très tardive et à tour de rôle passent des nuits blanches au Palais afin que toujours, à toute heure, l'un d'eux se tienne à la disposition de Sa Majesté.

Ces messieurs sont beaucoup moins occupés des affaires de l'Empire que des questions intéressant la personne même du Sultan. Ils reçoivent et transmettent les dénonciations, interrogent les personnages suspects, se réunissent en conseil pour délibérer sur le cas de tel ou tel Jeune-Turc, entretiennent une correspondance suivie avec les espions ottomans à l'étranger, déchiffrent les dépêches des agents secrets de Sa Majesté à Paris, à Londres, à Genève ou au Caire, etc... Tout leur travail, finalement, aboutit entre les mains du Sultan.

On dit d'Abdul-Hamid que c'est un grand travailleur ; certes, il se livre à une besogne incessante et occupe presque intégralement tout son temps : mais le service de l'Etat proprement dit n'en prend qu'une très faible partie ; c'est là une des raisons pour lesquelles, malgré le labeur journalier du Maître, les affaires courantes traînent des mois et souvent des années entières.

*
* *

Depuis le printemps jusqu'à l'automne, en hiver aussi parfois, le Sultan fait sa sieste étendu sur une chaise longue, dans une petite pièce de son kiosque ; après quoi il se remet au travail pendant deux ou trois heures ; puis, à moins d'occupations impérieuses, il va prendre l'air dans son parc réservé. Le champ de sa promenade devient de plus en plus étroit d'année en année, au point qu'aujourd'hui le Souverain ne s'éloigne plus de sa résidence et tourne seulement autour pour se dégourdir les jambes. Il est d'ailleurs toujours accompagné de deux ou trois gardes et précédé du mulâtre Hassan-Pacha, qui a sa confiance presque absolue ; la mission de ce fidèle serviteur est d'écarter tout être humain qui, par un hasard presque impossible du reste, pourrait se trouver sur le passage du Maître.

Au cours de ses longues promenades de jadis dans le parc, Abdul-Hamid, grand amateur de café en bon Oriental qu'il est, se faisait suivre par son cafetier en

Un coin du lac de Yildiz

chef, qui portait avec lui au bout d'une chaîne un brasero ardent et le nécessaire pour préparer sur place instantanément la petite tasse de moka qu'exigeait souvent le caprice impérial.

A cette époque, Abdul-Hamid montait souvent à cheval. Ces dernières années, pour diverses raisons de prudence il a abandonné l'équitation, de même que le canotage sur le lac voisin de sa résidence.

Un exercice pour lequel le Sultan a une prédilection toute spéciale, qu'il a pratiqué dès sa prime jeunesse et continué sans interruption depuis son avènement au trône, c'est le tir. Son adresse y est si grande qu'on l'a vu avec les balles de son revolver écrire son nom sur un panneau placé à vingt-cinq pas et à cette distance, tirer au vol, sans en manquer une seule, des oranges lancées en l'air.

Parfois aussi, durant ces heures de loisir, le Padischah se rend dans le harem où il boit un verre de *raki* (1) tandis qu'une voix mélodieuse chante pour lui une lente romance orientale. Plus souvent il se retire dans son atelier, où il s'occupe d'horlogerie, de céramique, de peinture même, et d'analyses chimiques : car, en monarque prévoyant, il a voulu pouvoir exa-

(1) Eau-de-vie orientale, servant d'apéritif.

miner lui-même les breuvages qui lui sont suspects. Excellent menuisier, dans sa jeunesse, il a de ses propres mains, lorsqu'il n'était encore que prince, travaillé les boiseries d'une chambre de son kiosque de Kiathané, dont les corniches et les lambris lui causent une légitime fierté.

*
* *

C'est vers 6 heures, en été, et vers 4 heures, en hiver, qu'est servi le dîner impérial dont l'apparat et le cérémonial imposant contrastent avec la simplicité du menu.

Etant donné le caractère du Sultan, la question de son repas devait avoir l'importance d'une question d'Etat. Abdul-Hamid est sobre, mais soupçonneux.

Disons d'abord que la cuisine privée de Sa Majesté n'a rien de commun avec celle du Palais ; contre le mur, à droite de la grande porte, dite *Saltanate-Kapoussou,* une toute petite cellule aux fenêtres grillées, à la porte blindée — un vrai coffre-fort — est spécialement destinée à l'élaboration des mets réservés à la bouche du Commandeur des Croyants. C'est là que son chef privé officie sous l'œil vigilant du *Kelardji-Bachi* (1) Osman-Bey un des fonctionnaires les plus importants de Yildiz, puisqu'il tient la santé, la vie même du Padischah entre ses mains. Ces derniers temps, dit-on, le deuxième *Kelardji*, Hussein-Effendi, a supplanté Osman-Bey, à qui le Sultan n'accorde plus sa confiance — et qui ne serait encore investi de ses hautes fonctions que pour la forme.

Les personnes qui ont leurs petites et leurs grandes entrées dans Yildiz peuvent voir tous les jours à 10 heures du matin et à 4 heures de l'après-midi, une bizarre cérémonie. Deux hommes vêtus de la *stambouline* (2) portent comme une châsse une petite table à quatre pieds, longue de quatre-vingts centimètres et moins large de moitié, couverte d'un tapis et chargée du service impérial. Suit un valet avec un grand plateau garni de mets préparés pour le Sultan, le tout couvert d'une étoffe noire dont les bouts réunis sont cachetés du sceau du Kélardji. Derrière marche un serviteur portant le panier au pain, et suivi lui-même par un cinquième qui tient précieusement une carafe d'eau fermée d'un étui rouge également cacheté.

(1) Surintendant des celliers.
(2) Redingote à la mode turque.

L'on assure qu'Abdul-Hamid ne boit que de l'eau de Kiathané depuis le jour où le Bohémien Aafitab lui prédit qu'il règnerait à la condition de ne boire que de cette eau. Parvenu au trône, le Sultan récompensa le devin qu'il a gardé auprès de lui et dont il a placé la fille en son harem.

Au passage de l'imposante procession, tous ceux qui la rencontrent s'arrêtent et s'inclinent avec les signes du plus profond respect ; la petite porte de la résidence personnelle du Sultan, où l'attendent les laquais, s'ouvre devant elle ; le menu impérial est reçu par le Kélardji qui brise les cachets devant Sa Majesté et lui présente les plats.

Abdul-Hamid mange toujours seul, et son repas ne dure que quelques minutes. Il touche légèrement à quelques mets et fait porter le reste à tel ou tel courtisan. Il va sans dire que dans l'entourage du Grand-Seigneur, l'honneur de recevoir les reliefs du repas impérial constitue une des faveurs les plus appréciées. Parfois, le despote, pris d'un soupçon subit, ordonne au Kélardji de goûter le plat qui lui est servi, sous prétexte de lui faire constater qu'il est manqué, mais en réalité pour s'assurer de son innocuité. Il s'entoure aussi de chiens et de chats auxquels, de temps en temps, il distribue des mor-

Le cheval favori d'Abdul-Hamid

L'ex-grand écuyer
Izzet-Pacha.

ceaux de ses mets avant d'y toucher lui-même.

Comme tout oriental qui se respecte, le Sultan aime le *pilaf* (1) ; il apprécie aussi les pieds de moutons relevés d'une sauce piquante, et médiocrement les entremets. Mais il a une prédilection spéciale pour les œufs, qui constituent l'aliment le moins susceptible d'être empoisonné, et pour le lait. Celui que boit le Padischah provient de la ferme modèle de Yildiz, où l'on peut admirer les vaches les plus belles du monde, et près desquelles la divine Io, bien que grecque, aurait passée inaperçue même aux yeux de Jupiter. Ces douces nourrices d'Abdul-Hamid ne mangent toute l'année que des poires et des pommes venues pour elles des provinces d'Asie-Mineure les plus renommées pour leurs fruits.

En somme, comme nous l'avons déjà dit, Abdul-Hamid ne vit nullement en sybarite, non qu'il suive en cela son tempérament, mais par souci de sa santé, à laquelle il veille avec la plus grande attention. Il souffre de l'estomac et des intestins et le mal s'aggraverait certainement s'il n'était combattu par un régime sévère. C'est par le prétexte de cette maladie que le Sultan justifie le petit verre de cognac et la coupe de

(1) Pilau.

champagne qu'il boit de temps en temps, bien que sa religion les lui interdise. Il fait usage de l'*Alcool de Ricqlès* et de la *Kola*, comme tonifiants. Avant de recevoir un hôte de marque ou un ambassadeur, il a pris l'habitude de boire un verre de punch pour se donner des couleurs. Par une coquetterie compréhensible, l'Homme Malade tient en effet au plus haut point à paraître frais, dispos et bien portant aux yeux des étrangers.

*
* *

Après son dîner, Aldul-Hamid reprend la lecture des rapports d'espionnage, dans l'intervalle desquels, s'il est en humeur de rire, il fait mander un bouffon. Un de ceux qui savaient le mieux l'égayer était le défunt *Kiathané imami* Ali-Effendi : Son maître le jetait dans l'eau, lui faisait barbouiller la figure de noir, et lui jouait mille tours de ce genre, dont Ali se gardait bien de se plaindre, sachant que toutes ces humiliations devaient être suivies de gratifications plus ou moins larges.

Parfois les facéties impériales revêtent un caractère grotesque et trivial absolument incompatible avec l'idée qu'on se fait généralement de la dignité d'un souverain. Aussi préférons-nous laisser dans l'ombre ce chapitre inédit des divertissements impériaux, sans nous arrêter même à conter l'histoire si célèbre à Yildiz du breuvage peu apéritif que Nadir-Agha, sous les yeux de Sa Majesté, versa à ce pauvre Ali-Effendi, breuvage sensiblement analogue à celui dont Gargantua, du haut des tours de Notre-Dame, régala si copieusement les Parisiens.

Mais le Sultan, heureusement, a d'autres distractions plus raffinées. Il aime les spectacles, y trouvant un dérivatif à ses nombreuses préoccupations, à ses perpétuelles craintes et assiste souvent aux représentations théâtrales, concerts, séances de cinématographe et de phonographe, qui se donnent en son théâtre particulier de Yildiz. Ce théâtre, attenant au kiosque impérial, est un édifice assez exigu et de médiocre apparence, construit sur l'emplacement d'une ancienne écurie (1). Il possède deux troupes, une troupe turque pour la comédie et une troupe européenne d'opéras et d'opérettes, composée d'artistes de tous pays. Détail curieux : il n'y a dans

(1) Le Sultan s'est fait dernièrement présenter les plans d'un nouveau théâtre qu'il a l'intention de se faire contruire

chacune d'elles que deux ou trois femmes et la plupart des rôles qui en comporteraient sont remplis par des hommes en travesti. En plus de ces deux troupes attachées au Palais, il est presque de rigueur que les artistes étrangers de passage à Constantinople soient invités par le Sultan à lui donner une représentation à Yildiz

D'ordinaire, il confère des décorations aux principaux acteurs et offre, mais un peu plus rarement, des bijoux aux actrices renommées. Malgré cet accueil flatteur, les artistes étrangers gardent généralement une impression peu agréable des représentations qu'ils donnent au Palais. Habitués à des salles de spectacle resplendissantes de lumières et remplies d'un public animé et démonstratif, celle de Yildiz, presque vide, plongée dans une demi-obscurité, morne et silencieuse comme une tombe, produit sur eux une impression étrange. Invisible à leurs yeux, caché quelque part dans le fond d'une loge obscure, Abdul-Hamid assiste à la représentation sans donner signe de vie et ce n'est que le rideau baissé qu'un chambellan, de la part du Souverain, vient transmettre aux artistes quelques banalités complimenteuses.

Rares sont les privilégiés — en dehors des membres de la famille impériale — auxquels il est donné d'assister à ces représentations : un ou deux princes, quelques princesses et dames du Palais (1) accompagnées de leurs eunuques; deux ou trois courtisans, parfois un ministre en faveur — en composent tout le public.

De temps à autre, mais rarement, un ambassadeur étranger est invité à y assister et ce témoignage d'une bienveillance particulière du Sultan est toujours fort commenté. Détail particulier : il est rigoureusement interdit à la presse locale de mentionner une représentation théâtrale ou un concert donné à Yildiz : Abdul-Hamid ne veut pas que son peuple sache que le Roi s'amuse.

(1) Une charmante artiste parisienne, Mlle S.., du Théâtre de la Gaîté qui a eu l'occasion de jouer cette année sur la scène de Yildiz, dans le rôle de la Mascotte, racontait qu'à travers les grillages des loges occupées par les dames du Harem, on pouvait apercevoir les feux des brillants et le mouvement rythmique des éventails. Ce qui l'avait frappée le plus, c'était d'entendre de petits éclats de rire partir des loges juste à chaque jeu de mots et trait d'esprit de la pièce.

Et puisqu'il s'agit de Mlle S..., ajoutons qu'Abdul-Hamid, non seulement a apprécié le talent de l'artiste, mais fin connaisseur en féminités, il n'est point resté insensible aux charmes de la belle enfant. Et très galant, il a offert au mois d'octobre dernier de subventionner le théâtre d'hiver de sa capitale à condition que Mlle S... consentît à s'y engager. Si nous avons bonne souvenance une intrigue de courtisan dérangea ces projets au dernier moment.

Nous venons de parler de concert. Disons à ce propos que le Sultan, qui a sommairement étudié la musique dans sa jeunesse, tapote quelques airs légers sur le piano et affectionne certains opéras comme par exemple *La Traviata*, le *Trovatore* et *Faust*. La *Stella Confidente* est un de ses morceaux de prédilection. Les petites chansonnettes lui plaisent assez ; mais il n'a jamais rien pu comprendre à la musique classique et l'a qualifiée de *laide* dès la première audition qui lui fut donnée d'un grand morceau.

Avant de quitter le chapitre de la musique, on nous pardonnera de conter une petite aventure désagréable pour Sa Majesté, et qui se produisit sur la scène de Yildiz. Une troupe de comédiens répétait un vaudeville qu'elle devait le soir même représenter devant le Sultan ; Dussap-Pacha, son ex-musicien en chef, dirigeait l'orchestre suivant les instructions de l'impresario. A un moment donné, ce dernier demanda aux musiciens une marche quelconque. La seule que ceux-ci connussent par cœur étant la marche Hamidié, les braves musiciens l'attaquèrent sur le champ. Mais, par une ironie du hasard, à ce moment même, un âne devait faire son entrée sur la scène et il y apparut effectivement, en chair et en os, aux sons solennels de la marche impériale et aux rires mal étouffés des assistants. Cet incident foncièrement comique fut malicieusement rapporté à Sa Majesté et il s'ensuivit la révocation du pauvre Dussap-Pacha, à qui défense fut faite de jamais reparaître devant les yeux du Souverain.

Il est arrivé assez souvent à Abdul-Hamid d'éprouver des petits désagréments de ce genre. Une autre fois un prestidigitateur et transformiste français, M. N... fut autorisé à donner une séance au Palais. Le Sultan lui ayant demandé quelle était sa spécialité, M. N... répondit qu'elle consistait dans l'imitation des principaux souverains d'Europe. En effet, il contrefit le Czar, l'empereur d'Allemagne, François-Joseph, avec beaucoup de talent, mais sans parvenir à dérider Abdul-Hamid qui brusquement à un moment donné fit cesser la représentation. Quelques jours plus tard, le chambellan Arif-Bey, voulant distraire quelques amis dans une soirée intime, invitait le prestidigitateur à donner une séance chez lui ; l'artiste croyant faire une surprise agréable aux assistants termina la série de ses imitations en reproduisant fidèlement la personne sacrée d'Abdul-Hamid. Le fait parvint dès le lendemain a la connaissance de Sa Majesté qui, outrée d'indignation, admonesta sévèrement Arif-Bey et fit compter à M. N... une forte somme d'argent à condition qu'il quittât immédiatement la capitale de l'Empire

*
* *

Abdul-Hamid se couche tard, voulant dormir le moins possible. La tombée du jour l'effraie, et les ténèbres l'affolent. Aussi le miracle du *fiat lux* se réalise-t-il chaque nuit dans la résidence du Padischah ; Les plus petites chambres, les moindres couloirs du Palais, les allées les plus reculées de l'immense parc sont éclairés *a giorno* depuis le crépuscule jusqu'au lever du soleil. S'il aperçoit par hasard un réverbère éteint, il recherche aussitôt la cause de cet accident et ouvre une minutieuse enquête à ce sujet. D'ailleurs, ce n'est pas seulement pour son obscurité qu'il redoute la nuit, mais aussi pour son silence, et voulant échapper à l'effroi qu'elle lui cause encore par là, il fait souvent jouer l'orchestre du palais jusqu'à une heure très avancée, ou bien donne l'ordre que des gardes marchent sans cesse devant son pavillon pour que le bruit de leurs pas résonnant sur le sol rassure son oreille inquiète.

Enfin, après avoir constaté par ses yeux que tout est en ordre, et fermé lui-même les portes de son appartement, dont il conserve les clefs sur lui, Abdul-Hamid va se coucher. Avant de s'endormir, il se fait faire la lecture par son frère de lait, Ismet-Bey, protovestiaire (grand chef de la garde robe), petit homme maigre, pâle et laid, qui offre avec son maître une ressemblance tellement frappante qu'on a créé sur lui la légende qu'il remplace Sa Hautesse à la cérémonie du Selamlyk quand par suite d'une indisposition elle est empêchée d'y assister. Quelquefois c'est à Elias-Bey, deuxième officier de sa garde-robe, ou à Faïk-Bey, un de ses chambellans favoris, qu'incombe l'honneur de faire la lecture au Souverain.

Disons ici quelques mots des préférences littéraires du Grand-Turc.

Il est hors de doute que les fastidieux rapports rédigés sur tout et sur tous qui lui sont présentés journellement en nombre incalculable, ont la première place dans l'estime du Monarque. Depuis ces dernières années surtout, la lecture de ces ouvrages d'imagination absorbe tous ses loisirs. En dehors de ce genre spécial, le Sultan, dès le début de son règne, a montré une prédilection marquée pour la littérature de concierges ; les romans de Ponson du Terrail, de

Xavier de Montépin, etc... dont le sujet tourne invariablement autour de viols, assassinats, rapts d'enfants, substitutions de testaments, incendies, séquestrations et autres effrayants forfaits, excitent son intérêt au plus haut degré. Son bibliothécaire Kassapi était d'habitude chargé de la traduction en turc de cette prose abondante, ainsi que du contenu de la *Gazette des Tribunaux* de Paris, journal auquel Sa Majesté est encore abonnée (1).

En général, la psychologie du crime, les causes célèbres, les récits d'histoire où sont décrites des morts violentes de grands personnages et de chefs d'Etat, des rébellions, des émeutes, des répressions, — en un mot tout ce qui montre la nature humaine sous ses plus horribles aspects : violence, haine, ruse, vénalité, injustice, bassesse, cruauté — a toujours eu du

(1) N'oublions pas de dire qu'Abdul-Hamid a fait écrire à son bibliothécaire deux ou trois romans de commande, qui n'étaient pas destinés au public. Un de ces romans était intitulé : *Haïdoutlar Reissi* ou « le chef des Brigands. » Titre et sujet avaient été donnés par le Sultan qui ordonna à son romancier d'étudier à fond et de résoudre la question de savoir quelle doit être la ligne de conduite à suivre par un chef d'Etat dans la cruelle alternative où le mettrait le cas d'un étranger que des brigands captureraient dans les limites de ses Etats : payer la rançon et sauver le captif ou bien plutôt poursuivre les bandits au risque de leur faire mettre à mort le malheureux !

charme et de l'intérêt pour l'esprit d'Abdul-Hamid.

Parmi les ouvrages sérieux, de philosophie ou de politique par exemple, c'est *Le Prince* de Machiavel qui a sa prédilection ; l'ouvrage de l'historien florentin est, on peut le dire, le *vade mecum* du Padischah — et son livre de chevet.

Séparé de son lecteur par un paravent, Abdul-Hamid, de la chaise longue qui lui sert de lit, écoute en silence, parfois pendant une grande partie de la nuit, jusqu'à ce qu'enfin, vaincu par la fatigue, il s'endorme — peu de temps.

*
* *

Son sommeil est inquiet, agité, des plus légers. Sa nature nerveuse et surexcitée est rebelle au repos. Le Sultan se réveille fréquemment, et la solitude lui est alors insupportable. Tantôt, par simple besoin de causer, il appelle un homme de confiance ; tantôt une inquiétude subite lui venant à l'esprit, il fait venir un conseiller, avec lequel il délibère. S'il s'éveille en sursaut, effrayé par un mauvais rêve, il fait mander auprès de lui quelque individu mi-bateleur mi-sorcier — comme par exemple le célèbre Ebul-Huda — et se fait par lui expliquer le songe qui le trouble. Parfois, on lui apporte brusquement, au milieu de la nuit, un rapport urgent du ministre de la police ou de quelque autre grand espion, et dans ce cas les ordres que donne le Maître sont empreints de la pire sévérité.

Souvent il se lève tout à coup de sa couche et gagnant une terrasse, scrute anxieusement à l'aide d'une longue-vue la mer, les montagnes voisines, l'immense horizon, comme pour s'assurer que tout est tranquille autour de lui et que des ennemis imprévus ne marchent pas en armes vers Yildiz, dont l'immense parc, durant toute la nuit, est parcouru par un bataillon de la garde impériale entrelaçant ses rondes continuelles.

Telle est, en temps normal, et dans ses grandes lignes, l'existence d'Abdul-Hamid. Mais ces habitudes, cette régularité relative de sa vie sont bouleversées de fond en comble dès que survient une dénonciation inquiétante, une nouvelle alarmante, un danger menaçant, un grave embarras politique, un douloureux souci personnel. Alors, plus de promenades, de visites au harem, de musique ni de tir, plus de sieste, plus d'appétit, plus même de sommeil ! On l'a vu maintes fois rester quarante huit heures et davantage sans fermer l'œil, s'ingéniant à combiner un plan contre un ennemi ou à conjurer un péril imminent.

Ces veilles prolongées, cette préoccupation obsédante, ce surmenage moral et physique provoquent chez lui des crises de nerfs terribles. Il est alors féroce et malheur à celui qui l'approche !

Ces crises, qu'il essaie de calmer avec l'éther ou la valériane, sont assez fréquentes. Il en a traversé une longue période, il y a quelques mois à peine, après la fuite sensationnelle de son beau-frère Damad-Mahoud-Pacha et de ses deux fils, fuite qui attira encore une fois l'attention de toute l'Europe sur le régime hamidien. Les attaques que Mahmoud-Pacha a dirigées contre son impérial beau-frère par la voie des journaux européens, les lettres remplies de cruelles vérités qu'il lui a adressées, le bruit qu'on fit autour de son nom ont mis maintes fois le pauvre Abdul-Hamid dans des accès de rage impuissante qu'aucun antispasmodique n'a pu calmer.

Mais le Padischah prend les plus grandes précautions pour que le bruit de ses accès ne transpire pas parmi le public Il en est ainsi de toute atteinte que peut subir sa santé ; car il n'aime pas qu'on en parle, et, depuis son avènement au trône, n'a jamais été « *officiellement* » malade, ni seulement indisposé. Il est vrai que sa constitution nerveuse est résistante, et que sa vie n'a pas été jusqu'ici mise en question, quoi qu'il soit prédisposé à la phtisie dont sont morts son père et sa mère ; mais l'hygiène et le régime ont écarté de lui tout danger de ce côté-là. Possédant des notions de médecine, il traite lui-même ses indispositions, ce qui lui évite de se laisser examiner par les médecins. Jadis, il avait une grande confiance en Mavroyéni-Pacha, son médecin en chef, aujourd'hui très vieux et en disgrâce (1). Quand il a besoin de médicaments, Abdul-Hamid les fait préparer d'après ses propres ordonnances par Békir-Effendi, son pharmacien en chef. On raconte que quand il souffre d'embarras gastriques, il demande à plusieurs personnes de son entourage des boîtes de pastilles de Tamar Indien, qu'il met toutes ensemble dans un sac ; puis, plongeant la main dans le tas, il en prend une au hasard, assuré ainsi qu'elle n'est pas empoisonnée.

*
* *

Personne ne sera étonné, après tout ce que nous venons de dire, qu'au bout de vingt-cinq ans de règne,

(1) Cette disgrâce date de l'accusation, dont Mavroyéni-Pacha a été l'objet, d'écrire en secret l'histoire de Yildiz.

Abdul-Hamid, en dépit des soins qu'il prend de sa personne, soit vieux prématurément. Il est d'une faiblesse extrême et ne se soutient qu'à force de volonté et de nerfs. Son corps usé est d'une maigreur squelettique. Après avoir en vain essayé, par tous les moyens, de gagner un peu d'embonpoint, ne pouvant guérir cette véritable étisie, il la combat en s'abstenant rigoureusement de tout ce qui peut encore la favoriser. Ainsi, quoique grand amateur de massage et de bains de vapeur, il s'en prive, craignant d'y perdre encore quelques grammes de son poids.

Comme tous les despotes, Abdul-Hamid a une terreur atroce de la mort, et partant, de toutes les maladies en général, — mais très particulièrement des maladies contagieuses. Il a d'elles une peur superstitieuse qui remonte déjà à bien des années. Etant encore prince hériter, il rencontra un jour, au cours d'une promenade dans sa propriété de Kiathané, une bohémienne diseuse de bonne aventure qui, à la demande du prince, lui prédit son avenir, et, chose étrange, lui prophétisa exactement tout ce qu'il a vu s'accomplir depuis : son rapide avènement au trône dans les dramatiques circonstances que l'on connaît, un long règne, des guerres, etc... ; mais elle ajouta que la mort du Sultan serait occasionnée « par une grande maladie qui viendrait du dehors. » Aussi, le choléra et la peste n'ont pas de pire ennemi que lui. Si la ville de Constantinople possède actuellement un service sanitaire complet, des instituts bactériologiques parfaitement installés, — elle le doit à la Bohémienne de Kiathané et à la crédulité du Sultan.

Comme on le voit, il peut être bon parfois pour un peuple que son tyran manque un peu de courage.

Il n'y a pas de précautions qu'il ne prenne pour se garantir d'une contagion possible. Très propre de nature, se lavant à chaque instant — il y a des fontaines dans tous les coins de ses appartements — très méticuleux, le Sultan fait la plus grande attention à tout ce qui touche aux questions d'hygiène et d'antisepsie, et suit les progrès de la bactériologie avec un intérêt passionné. On ne saurait imaginer jusqu'à quelles précautions ridicules le pousse sa *microbiophobie*. Nous nous contenterons de donner un exemple : toutes les pièces, rapports et documents qui doivent parvenir à Sa Majesté passent préalablement par l'étuve de désinfection, et comme elles sont toutes transmises sous une enveloppe cachetée, c'est à la tache rougeâtre qu'y a laissée la cire en fondant à la chaleur de l'étuve, que l'on reconnaît ensuite dans les

La Voiture du Sultan

bureaux des secrétaires auxquels une partie d'entre elles sont transmises, celles qui ont passé par les mains de l'impérial maniaque.

*
* *

La mise du Sultan est excessivement simple et exempte de tout souci d'élégance ou de mode. Il a une préférence pour les couleurs sombres : le bleu foncé, le marron et le noir. Un pantalon étroit, un veston de velours, fourré comme tous ses habits — car il est excessivement frileux — ou une veste de drap bleu-marine à liseré rouge, tel est d'habitude son costume d'intérieur.

Souvent, il porte par dessus un *hirka* espèce de manteau turc, de couleur marron. Tous ses vêtements sont rembourrés à la hauteur de la nuque de façon à aplanir la ligne de son dos et à dissimuler la légère gibbosité dont Allah a voulu l'affliger. Pendant la cérémonie du Sélamlyk, à laquelle il assiste couvert d'un manteau simple à boutons de cuivre — qui se rapproche de celui des soldats de l'infanterie — on prétend dans son entourage qu'il porte en dessous une cuirasse d'acier.

Sa garde-robe est peu fournie, et il est généreux de ses vieux effets qu'il distribue à ses favoris et à ses serviteurs. L'essayage lui répugne ; car il y voit un danger... jamais tailleur n'a pu avoir l'honneur de procéder de ses propres mains à cette opération ; il ne lui est permis que d'y assister d'assez loin pour juger à l'œil des imperfections du vêtement et des retouches nécessaires. Voici comment un Français, M L..., premier coupeur d'un des tailleurs impériaux, nous racontait une visite qu'il fit à ce client peu commode : « J'entrai dans un des appartements de Sa Majesté, où Ismet-Bey, le chef de sa garde-robe, vint bientôt me prendre des mains la stambouline à essayer et l'emporta dans une pièce voisine. Quelques minutes après, une porte s'ouvrit, et le Sultan, vêtu de la stambouline incomplète et seulement bâtie de fils blancs, apparut, marchant droit devant lui, à une distance de trois ou quatre mètres de moi ; ayant parcouru la largeur de la pièce, il revint sur ses pas, et disparut. L'essayage était terminé. Ismet-Bey, dans une attitude respectueuse et les mains croisées, assistait à cette étrange scène, durant laquelle je devais me rendre compte de la façon dont allait le vêtement. Vous comprenez bien que ce n'est pas chose facile d'habiller quelqu'un dans de telles conditions. »

Sa Majesté a un très petit pied. C'est encore l'indispensable Ismet qui est chargé d'essayer les chaussures impériales, commandées chez un cordonnier grec de Péra. Elles ont toutes de hauts talons doublés de liège.

Abdul-Hamid, frileux et presque chauve, ne quitte jamais son fez, qu'il porte enfoncé très bas et qu'il remonte de temps en temps d'un geste machinal. Ce fez, très haut et très large, d'un modèle des plus disgracieux et tout à fait différent de celui d'Abdul-Aziz, a été adopté, quoique lourd et fort peu seyant, par tout l'entourage du Sultan.

Ne quittons pas le chapitre de la toilette impériale sans dire un mot de ses poches; Abdul-Hamid en a beaucoup, toutes profondes et d'une bizarre disposition indiquée par lui-même à son tailleur, pour lui servir à la fois de secrétaires et d'arsenaux. Outre qu'il y place les nombreux rapports d'espions qu'il a l'habitude de garder longtemps et de lire à plusieurs reprises avant de les classer, il y cache aussi les trois revolvers dont il est toujours muni. En général, la question des poches, tant des siennes propres que de celles des autres, occupe une place immense dans les préoccupations du soupçonneux monarque. Ces plis effacés et discrets, ces fentes mystérieusement obscures, entrées secrètes d'impénétrables cachettes, l'inquiètent d'une façon visible, et il les aurait volontiers interdites à ses sujets s'il avait osé édicter une loi somptuaire si tyrannique. Toujours est-il que s'il est permis d'avoir des poches, c'est un crime d'y mettre les mains ou de déboutonner un de ses vêtements en présence du Padischah. Aussi ses chambellans et secrétaires doivent-ils se présenter à lui tenant en mains les documents qu'ils lui apportent. Sadyk-Pacha, l'ancien grand-vizir, fut disgracié et exilé à Lemnos — simple coïncidence peut-être — quelques jours après un geste malheureux qu'il eut au cours d'une audience impériale ; Sa Majesté lui ayant demandé un document, le ministre avait plongé la main dans la poche intérieure de sa stambouline pour en retirer la pièce en question. Abdul-Hamid trouva que le geste n'était pas beau et de plus fort peu rassurant !

*
* *

Le Sultan observe attentivement les rares personnes qu'il reçoit en tête-à-tête et surveille avec anxiété leurs moindres changements d'attitude. Il a en horreur le geste brusque, le pas rapide, le mouvement inattendu, et malheur à celui qui aura involontairement effrayé ainsi ce monomane constamment en proie au délire de la persécution. L'habitude qu'il a de porter toujours sur lui des armes à feu rend sa peur redoutable pour les autres, et elle a déjà jusqu'ici coûté la vie à un grand nombre d'innocents des deux sexes.

Nous ne citerons ici que le cas d'un de ses jardiniers qui, travaillant un jour, dans le parc de Yildiz, accroupi au pied d'un arbuste dont le feuillage le cachait, et ayant vu venir le Sultan, se releva rapidement pour prendre une attitude respectueuse ; Abdul-Hamid, effrayé par la brusque apparition de cet homme, et lui soupçonnant de mauvaises intentions, fit feu sur lui immédiatement. Le malheureux expira peu après ; comme il n'avait pas d'arme sur lui, on dut reconnaître qu'il y avait eu erreur, et que le pauvre diable était mort victime de la crainte réciproque que son maître et lui s'étaient mutuellement inspirée.

Souvent, les terreurs subites d'Abdul-Hamid, sans avoir ces conséquences tragiques, n'en laissent pas moins un souvenir pénible et ineffaçable à ceux qui ont eu l'honneur de les inspirer.

Un jour le Sultan était assis entre Hassan-Pacha,

ministre de la marine et feu Akif-Pacha (alors président du Conseil d'Etat). Celui-ci, remarquant qu'un courant d'air semblait incommoder son Souverain, se leva brusquement en demandant à Sa Majesté la permission de fermer la fenêtre. Abdul-Hamid, troublé, eut un geste de frayeur, et glissa rapidement la main vers un revolver qu'il avait auprès de lui, dissimulé sous un mouchoir. Akif-Pacha surprit le mouvement et s'empressa de se rasseoir, ce qui, heureusement pour lui, calma les craintes de sa Hautesse.

Une autre fois, après une audience accordée au feu prince de Samos Adossidès-Pacha, comme ce dernier, suivant les règles de l'étiquette, se retirait à reculons en faisant les révérences d'usage, il heurta du talon le seuil de la porte et faillit tomber. — Le mouvement qu'il fit pour reprendre son équilibre effraya Abdul-Hamid debout près de l'entrée opposée, qui plongeant une main dans la terrible poche, saisit de l'autre le bouton de la porte, derrière laquelle il disparut comme un fantôme.

La méfiance du Padischah n'excepte personne, et s'étend jusqu'à ses intimes. Une nuit, ayant appelé auprès de lui, pour affaires, Raghib-Bey, son chambellan, le Sultan lui ordonna, au cours de l'entretien, de lui allumer sa cigarette. Raghib-Bey s'empressa

Victoria au Selamlyk

d'obéir ; mais au moment où il se penchait au dessus du lit pour approcher l'allumette demandée, le Sultan, éperdu de frayeur, lui saisit les bras, et les lui maintint fortement serrés — la pensée lui ayant soudain traversé l'esprit que son chambellan pouvait l'étrangler !

*
* *

C'est par ce sentiment de crainte et de défiance toujours croissantes qu'Abdul-Hamid rétrécit de plus en plus le cercle de ses intimes. Parmi les personnes de sa maison, — nous ne parlons pas ici de ses gardes, mais de ses secrétaires et chambellans, par exemple — ceux à qui il est visible sont en nombre très limité. Quant aux ministres et dignitaires de l'Empire, il ne les reçoit presque plus jamais.

Cependant, s'il est dans l'obligation d'accorder audience à quelqu'un, il sait dissimuler son inquiétude, et, tout en se tenant sur ses gardes, être d'une politesse charmante. Il s'avance au-devant du visiteur, le salue avec bienveillance, lui offre des cigarettes, et s'il veut le séduire, le tranquilliser ou le tromper, lui parle sans s'arrêter un seul instant, le noyant sous un flot intarissable de compliments flatteurs et d'amicales protestations. — Il sait aussi, quand il s'agit pour lui d'apprendre quelque chose qui l'intéresse, écouter sans interrompre et avec les signes de la plus grande attention.

Quant aux solennités officielles, dîners de gala, réceptions d'ambassadeurs ou d'hôtes illustres, et toutes cérémonies en général, Abdul-Hamid ne les a jamais aimées et ne les subit que comme des corvées obligées. — Avant de recevoir un personnage important, un prince étranger ou le représentant d'une puissance, le Sultan, semblable à ces poètes qui composent à tête reposée leurs plus délicieux impromptus, étudie soigneusement le sujet de l'entretien qu'il aura ; et, grâce à cette précaution louable, n'étant jamais pris au dépourvu, il étonne souvent son interlocuteur par la compétence qu'il apporte dans les questions les plus diverses.

De omni re scibili et quibusdam aliis !

La Selamlyk à Yildiz

Pèlerin malgré lui

Aucun des précédents sultans n'a été aussi peu prodigue de sa personne qu'Abdul-Hamid ne l'est de de la sienne. Abdul-Aziz se montrait volontiers à la foule et aimait à se trouver en contact avec le peuple; quand à Abdul-Medjid, un mot de lui montre bien quels étaient son intrépidité et son noble fatalisme. Quelques jours après une sérieuse rébellion de la garnison du palais de Beylerbey, comme il gagnait en voiture les hauteurs de Top-Hané, il se vit subitement entouré d'un régiment à la tête duquel se trouvait le Séraskier Riza-Pacha. « Que signifie ce déploiement de force inusité ? demanda le Padischah surpris. — C'est pour la garde de Votre Majesté. — Enlevez ces troupes, ordonna Abdul-Medjid. S'il est écrit que je dois mourir par la main d'un de mes sujets, eh bien ! que la fatalité s'accomplisse ! » (1)

Pendant les premiers temps de son règne, le Sultan actuel se montrait de temps en temps à son peuple ; mais dès la malheureuse issue de la guerre russo-turque dont il s'est un peu senti coupable, après les premières violences et répressions cruelles auxquelles il a commencé alors à s'adonner, depuis surtout la folle tentative d'Ali-Souavi — cet audacieux partisan de Mourad, qui, à la tête d'une poignée d'hommes força les portes du palais de Tchéragan, pour en tirer le Sultan déchu, et fut massacré avec tous ses compagnons — Abdul-Hamid s'est éloigné définitivement de la capitale. Depuis lors, isolé du reste de

(1) Un autre souverain oriental, le Schah de Perse, Mouzaffer-Eddin, à donné lors de l'attentat dont il a été l'objet à Paris, l'été dernier, un exemple analogue de ce même fatalisme, en disant : « Vous n'arrêterez pas la main que Dieu conduit. »

Cette vertu musulmane manque totalement à Abdul-Hamid.

l'univers sur les hauteurs de Yildiz, défendu par de fortes murailles, des casernes et des corps de garde, le *captif volontaire*, malgré les précautions inouies dont il s'entoure, supporte avec peine le fardeau d'une existence tissue de soupçons et de terreurs.

Aussi ne peut-on se faire une idée de l'angoisse qui étreint son âme lorsqu'il est obligé, une fois chaque année, de sortir de sa retraite, de prendre contact avec cette foule qu'il redoute autant qu'il en est redouté, et de traverser cette ville qu'il abhorre, pour se rendre à la cérémonie du *Hirkaï-Chérif* — adoration du Manteau du Prophète et autres saintes reliques.

*
* *

Cette grande fête religieuse a lieu à Stamboul, au palais de Top-Capou situé à une distance assez grande de Yildiz, mais dont l'éloignement semble incommensurable au malheureux Sultan que hante cruellement l'idée des dangers auxquels ce maudit pèlerinage l'expose. Il est hors de doute qu'il l'aurait depuis longtemps supprimé, s'il osait porter atteinte à une coutume séculaire et sacrée aux yeux de son peuple ; mais contraint par la tradition, il subit l'épreuve avec un effroi qui se manifeste bien avant le 15 du Ramazan, jour fixé pour cette cérémonie.

Affolés par la peur du Maître, son ministre de a police, ses courtisans et ses espions rivalisent de zèle et ne rêvent que complots et attentats.

Un mois à l'avance, toute la police officielle et secrète est sur pied, et à mesure qu'approche le jour fatal, multiplie ses précautions. Une grande partie des maisons se trouvant sur le parcours éventuel du cortége impérial sont l'objet de perquisitions minutieuses et à leurs habitants inscrits au registre de la police, défense formelle est notifiée de se tenir à leurs fenêtres lors du passage de Sa Majesté; ordre est donné aux armuriers de la ville de fermer leurs magasins ce jour-là, et, le croirait-on ? à tous les pharmaciens et droguistes d'enlever de leurs boutiques toutes les substances inflammables ou explosibles qu'ils peuvent avoir en réserve (1).

(1) Voilà ce qu'écrivait à ce sujet le correspondant constantinoplitain du *Times* à la date du 6 janvier 1899 : « Considérant les propriétés explosives du chlorate de potasse, l'importation en Turquie de ce médicament a été interdite il y a quelques années. Pourtant les droguistes et apothicaires ont obtenu la permission de le faire venir en détail pour des usages médicinaux. Cette quantité a été strictement limitée de façon à ce qu'elle ne puisse, entre les mains de chaque dépositaire, servir à aucun usage prohibé. Mais comme il se pourrait que les provisions qu'en détiennent

Le jour de la cérémonie, de grand matin, les quartiers de Béchiktach, de Galata et de Stamboul présentent une animation inaccoutumée. Des équipes d'ouvriers travaillent fiévreusement à recouvrir le sol des rues et des ponts, qu'on repave à neuf pour cette occasion, d'une épaisse couche de sable ; des ingénieurs, qu'accompagnent des policiers, font une inspection scrupuleuse des égouts, des conduits d'eau et de gaz, et de tous les points susceptibles d'être minés ; les rues sont encombrées des troupes qui doivent former une double haie infranchissable entre le Padischah et son peuple ; mais si cette barrière humaine venait à manquer, il serait encore malaisé, pour ne pas dire impossible, aux sujets d'Abdul-Hamid d'apercevoir leur Souverain.

Blotti au fond d'une victoria — il ne monte jamais dans une voiture fermée, craignant de n'en pou-

les 230 pharmaciens et droguistes de la capitale, réunies par un régicide, suffisent à un attentat contre le Souverain, le matin de la cérémonie de Hirkaï-Chérif ordre a été donné à la police de visiter tous ces dépôts pharmaceutiques et de mettre sous scellés les bocaux contenant le chlorate de potasse. Il était nécessaire de faire toutes ces perquisitions à la même heure, afin que les récalcitrants n'eussent pas le temps de cacher leur chlorate. Ces opérations ont eu lieu hier et ainsi a été conjuré un de ces dangers qu'on redoute à l'occasion du pélérinage de Sa Majesté à Top-Capou. »

voir sortir assez vite en cas d'accident — dont la capote relevée cache un blindage d'acier entre le cuir extérieur et la doublure du drap, le Sultan, au galop de deux magnifiques chevaux, passe comme un météore, entouré d'une forteresse vivante d'aides de camp, de gardes de corps et de courtisans qui le dissimulent presque complètement aux regards de la foule. D'habitude est assis à sa gauche son fils préféré, le prince Burhaneddin-Effendi, et vis à vis de lui se tenait toujours le maréchal Ghazi-Osman-Pacha, l'illustre défenseur de Plewna, mort l'année dernière, qui devait cet honneur moins à l'affection ou à la faveur de son maître qu'à la popularité dont il jouissait, présentant aux yeux du Sultan une certaine garantie de protection et de sécurité pour sa propre personne.

Gare au derviche, à l'obscur employé, au sujet audacieux qui osera s'avancer pour remettre à l'Empereur un placet, une supplique quelconque ; il disparaîtra en un clin d'œil et nul ne le reverra plus jamais (1).

(1) A ce propos empressons-nous de citer un fait tout à l'honneur du Padischah. L'occasion est trop rare pour que nous la laissions échapper. Comme il revenait à Yildiz du Palais de Dolma-Bagtché où il avait accompagné Guillaume II, un inconnu

*
* *

Des eunuques et des coureurs du Palais, revêtus de costumes superbes, les mains croisées sur la poitrine en signe de respect, précèdent à toute allure la voiture impériale.

Le luxe et la beauté de l'attelage et des livrées, les uniformes étincelants des beaux cavaliers qui l'escortent, forment un saisissant contraste avec la consternation effarée empreinte sur le visage du pèlerin malgré lui. Le dos voûté, les épaules tombantes, son corps étique enfoui dans un long pardessus sombre, son maigre visage d'un pâleur que le fard ne parvient pas à dissimuler, écrasé sous l'énorme masse rouge d'un fez qui descend jusqu'à ses sourcils, le

jeta soudain dans la voiture impériale un paquet pesant qui tomba entre les pieds du Sultan. On imagine la terreur indicible dont fut bouleversé le malheureux Monarque, qui dut pendant quelques mortelles secondes attendre l'explosion du mystérieux projectile ; de courageux serviteurs ayant examiné cet épouvantable objet, il se trouva n'être qu'un gros bébé emmailloté douillettement dans un tas de chiffons, et aux langes duquel était épinglée une supplique respectueuse où un père indigent recommandait le sort de son dernier-né, qu'il ne pouvait nourrir, à la bonté impériale. Le Sultan, sans doute enchanté d'en être quitte à si bon marché, accueillit favorablement ce placet peu banal, et l'enfant est élevé à Yildiz aux frais de Sa Majesté.

Sultan, avec son long nez recourbé, sa barbe mal teinte, ses mâchoires osseuses, et les regards sombres, inquiets et furtifs que ses yeux perçants jettent sans cesse autour de lui, est ce jour-là d'une laideur particulièrement étrange, et dont le caractère n'est nullement imposant ou royal.

Ces dernières années, cette rapide traversée de la ville a été jugée trop dangereuse encore, et sur le conseil de son ex-ministre de la police, Nazim-Pacha, Abdul-Hamid, pour se rendre à Top-Capou, suit un nouvel itinéraire qui lui évite la traversée du pont de Kara-Keuï. Il descend d'abord en voiture jusqu'au palais de Dolma-Bagtché, où il s'embarque sur son vapeur *Téchrifié* qui le transporte jusqu'à la pointe du Vieux-Sérail. Cependant, la police n'en prend pas moins, dans les rues de Galata et sur le pont de Kara-Keuï, les précautions et mesures d'ordre extraordinaires que nous connaissons, car personne n'est censé savoir et ne sait d'ailleurs exactement jusqu'au moment du départ de Sa Majesté quelle sera la voie qu'il lui plaira de suivre ; c'est là une décision sur laquelle le Sultan tient à laisser le public dans l'incertitude par des préparatifs faits sur plusieurs itinéraires à la fois, ce qui empêche la foule de s'agglomérer en trop grande masse sur le passage du cortège.

Un intérieur de Bagdad. Kiosque (Vieux-Sérail)

5

Sitôt débarqué à la pointe du Sérail, le Padischah monte dans une nouvelle voiture attelée à la Daumont qui passe rapidement la porte *Babi-Houmayoun* (Porte Impériale) du Palais de Top-Capou et s'arrête devant le *Babi-Seadet* (Porte du Bonheur). Ici le Souverain met pied à terre et, suivi des hauts dignitaires et fonctionnaires de l'Etat, se rend dans le sanctuaire où sont gardées précieusement les reliques sacrées.

Alors commence la cérémonie.

Dans la vaste salle où montent les parfums précieux des cassolettes ardentes, le Sultan soulève de ses propres mains les châles somptueux qui recouvrent le Manteau du Prophète. Des chantres et des lecteurs psalmodient pendant ce temps des textes sacrés. Puis, sur un signe de Sa Majesté, le Grand Vizir, le Cheïkh-ul-Islam et les autres hauts fonctionnaires défilent un à un devant le Souverain. Chacun d'eux reçoit de ses mains un foulard où est écrit un verset du Coran et que vient de sanctifier le conctact de la sainte relique.

Après les ministres et fonctionnaires vient le tour des princes impériaux, de la Validé-Sultane et des dames du Harem, arrivées bien avant Sa Majesté.

A la fin de la cérémonie, durant laquelle le Sultan n'a pas cessé un instant d'épier les visages et les gestes de son entourage — car la crainte d'un attentat ne le quitte même pas au Sanctuaire — Abdul-Hamid se retire dans le pavillon de Bagdad d'où il fait distribuer des cadeaux en argent aux troupes de sa garde.

Bientôt après, vingt et un coups de canon ayant annoncé aux fidèles la fin du quinzième jour du Ramazan, le Souverain fait généralement *l'iftar* (1) à Top-Capou même, et n'en part que dans la soirée pour rentrer à Yildiz avec le même cérémonial, mais avec plus de précipitation encore qu'au départ : tant c'est pour lui une joie intense, un soulagement délicieux que de se retrouver vivant, chez lui, et de se dire qu'il a encore toute une année à vivre en paix avant de subir de nouveau l'épouvantable martyre !

*
* *

La présence personnelle du Sultan est encore obligatoire à une autre cérémonie publique — qui a fini par prendre un caractère privé — la solennité du *Sélamlyk*, célébrée tous les vendredis.

Autrefois, elle se faisait dans la mosquée de

(1) Dîner qui termine la journée de jeûne, pendant tout le mois de Ramazan.

Bechiktach, non loin du palais de Dolma-Bagtché comme cela se passait du temps des sultans Abdul-Aziz et Mourad. Mais depuis que sa résidence a été transportée à Yildiz, Abdul-Hamid, voulant abréger autant que possible cette cérémonie hebdomadaire, et en même temps éviter de s'exposer à la foule, a fait construire dans le voisinage immédiat de son Palais une nouvelle mosquée: la mosquée *Hamidié*. Il a fait, en cette occasion, preuve de goût. Il est en effet difficile de rêver quelque chose de plus gracieux, de plus élégant que cette frêle et blanche mosquée au léger minaret s'élançant comme une flèche vers le ciel bleu, et qui, parée d'une fine dentelle de pierre, dresse sa svelte silhouette parmi un décor merveilleux où les flots argentés du Bosphore scintillent dans un riche encadrement de verdure.

Devant cette mosquée s'étend, entourée d'une grille d'or, une vaste cour sablée, couverte chaque vendredi d'une foule brillante. En face de cette cour, adossés au mur du Palais, s'élèvent deux très simples pavillons modernes, d'où un public privilégié peut admirer par les fenêtres le spectacle qui se déroule ce jour-là devant lui.

Vers onze heures du matin, aux sons d'une musique martiale, des troupes d'infanterie et de cavalerie arrivent à Yildiz par plusieurs des principales rues de la capitale, et s'échelonnent aux abords de la mosquée Hamidié. Mais leur rôle se borne pour ainsi dire à servir de fond luxueux et coloré au tableau. Le véritable service d'ordre et de parade est fait par les brigades d'infanterie de marine et par les troupes de la garde personnelle du Sultan, casernées dans le voisinage immédiat du Palais : ce sont les fameux et turbulents bataillons albanais et le magnifique régiments des zouaves de Tripoli ; cette dernière troupe attire surtout l'attention des étrangers :

De taille moyenne, très bruns, les yeux vifs, beaux gars, souples et gracieux dans leur uniforme pittoresque (chemise bleue bordée de rouge, large pantalon rouge, guêtres blanches, turban vert) les zouaves ont une manière de défiler un peu théâtrale mais d'un pittoresque vraiment martial.

Dès que les troupes de la garde ont pris leurs positions respectives, la scène devient de plus en plus animée. De longues files de voitures presque toutes conduites par de décoratifs *cawass*, amènent de la ville les membres des colonies étrangères et les touristes autorisés par leurs ambassades respectives (1),

(1) Après l'assassinat du roi d'Italie et l'attentat contre le Schah de Perse à Paris, coïncidant avec la découverte à Barcelone

Le cortège impérial se rendant à la mosquée Hamídié (Selamlyk)

qui après avoir présenté leurs cartes aux chambellans de service, prennent place dans les salons du premier pavillon. Quant aux princes étrangers et autres illustres personnages de passage à Constantinople, ainsi qu'aux membres du corps diplomatique, ils s'installent dans les luxueux salons du grand pavillon, situé à côté du premier. Ceux des spectateurs étrangers, qui ont les jambes solides, se tiennent debout sur la terrasse du premier pavillon, où leur attente parfois pénible sous le soleil ardent ou la bise glacée, selon la saison, est largement payée par la vue magnifique dont ils jouissent sans perdre un détail de la cérémonie. Il va sans dire que là, comme partout, se faufilent parmi eux de nombreux espions polyglottes qui épient leurs gestes et leurs paroles. Malheur au touriste photographe qui aurait la malencontreuse idée de braquer le plus petit kodak sur le cortège

d'une liste, dressée par les anarchistes, des souverains par eux condamnés à mort et sur laquelle immédiatement après le nom d'Humbert II venait celui d'Abdul-Hamid, le Sultan, épouvanté, a envoyé, aux ambassades et légations étrangères, une circulaire les informant que désormais aucun visiteur européen ne serait plus admis au Sélamlyk sans une carte d'introduction personnelle et signée par l'ambassadeur de son pays. En outre, une foule de mesures des plus sévères ont été prises pour assurer la sécurité du Souverain ottoman, lors de cette cérémonie.

impérial ! cet amateur de souvenirs officiels ne verrait pas la fin de la cérémonie et subirait mille désagréments. Abdul-Hamid, en cela fidèle gardien de la loi religieuse qui défend la reproduction des traits de tout musulman, ne consent pas à poser devant un objectif et pousse l'horreur de la photographie jusqu'à interdire rigoureusement — depuis deux ans — de prendre des vues de sa capitale; aussi un instantané de Sa Majesté est-il de la plus précieuse rareté, et le public européen ne connaît-il d'Abdul-Hamid qu'un portrait qu'il fit faire étant prince, où il est représenté imberbe et plus jeune de vingt-cinq ans. Ajoutons cependant qu'en réalité des raisons de coquetterie et de prudence inspirent seules sa conduite, car il s'est fait assez souvent photographier à Yildiz ; mais il garde soigneusement épreuves et clichés.

*
* *

Quand sonne la demie de onze heures, le moment de l'apparition du cortège approche. Les officiers de la garde parcourent les rangs des soldats et donnent un dernier coup d'œil à leur tenue. La foule masquée, derrière la cavalerie, aux abords de la mosquée, devient de plus en plus compacte ; elles se compose surtout de femmes du peuple dont les *feradjès* aux couleurs variées et claires jettent une note gaie et pittoresque. Des eunuques à face bestiale traversent la cour et se dirigent, en longues stamboulines noires, vers la mosquée. Quelques-uns d'entre-eux portent à la main des sacs contenant les pantoufles que le Sultan pourrait vouloir chausser à son entrée, de l'argent qu'il fait parfois distribuer en sortant, des parfums pour les encensements, etc... Suivi de plusieurs domestiques, un énorme nègre, plus hideux que les autres, traverse la cour en se dandinant ; c'est son Altesse le Grand-Eunuque du Harem Impérial, qui porte le titre officiel de *Dar-us-séadet-us-chérifé-aghassy* ou Gardien des Portes de la Félicité.

Aux siècles passés, l'influence occulte de ce haut fonctionnaire était immense : confident de toutes les intrigues du Sérail, souvent seul témoin des crimes et des débauches secrètes du Maître, il exerçait un pouvoir dont les effets se faisaient sentir jusque dans les actes politiques des Padischahs.

Son influence s'est bien amoindrie depuis ; sous le règne actuel elle est devenue pour ainsi dire nulle, mais le prestige est resté attaché à la charge, et S. A. le Grand-Eunuque n'en reste pas moins un personnage considérable et conscient de l'importance de ses hautes fonctions.

Les jours de grande cérémonie, c'est-à-dire lors de la présence au Sélamlyk d'un souverain ou d'un prince étranger, la gracieuse présence de quelques dames du Harem vient ajouter un attrait piquant à l'éclat du pittoresque tableau ; une dizaine de carrosses de gala de la Validé-Sultane, des princesses filles du Sultan ou des dames de leur suite, passent lentement précédés par les eunuques et coureurs en livrée, devant les troupes présentant les armes, franchissent les grilles dorées et entrent dans la cour de la mosquée où les chevaux qui les traînent sont immédiatement détellés.

Les fils du Sultan arrivent séparément, à cheval et en brillants uniformes, avec leur suite respective d'aides de camp et de serviteurs, et prennent place devant le pavillon diplomatique. Rien n'est plus amusant que de voir les plus jeunes de ces princes affublés d'habits de généraux ou de colonels, se donner des airs militaires et répondre gravement aux respectueux saluts des personnages qui se trouvent sur leur chemin.

Quelques minutes encore se passent dans une attente impressionnante et solennelle. Pas un bruit pas un souffle... Le soleil de midi darde sa lumière éclatante sur l'or des uniformes et les armes étincelantes des troupes immobiles.

Tout à coup, le *Guidich-Mèemourou* (1) Hadji-Mahmoud-Effendi ayant donné, d'un geste solennel, un signal signifiant que tout est prêt, qu'on peut « marcher » on voit sur la galerie du minaret surgir la sombre silhouette du muezzin qui d'une voix aiguë et plaintive lance sur la foule l'appel à la prière ; et au même moment, au milieu d'un tumulte confus, la grande porte du Palais s'ouvre largement, et laisse couler un fleuve doré de pachas, de ministres et hauts fonctionnaires de la Cour composant les maisons civile et militaire de Sa Majesté, et qui escortent la voiture impériale. Soudain, à travers le scintillement des sabres et des baïonnettes, s'élève une clameur formidable, répétée deux fois, et qui domine la voix des cuivres jouant la marche *Hamidié : Padischahymyz tchok yacha!* (longue vie à notre Padischah !)

Les anciens sultans, et naguère Abdul-Hamid lui-même, se rendaient à cheval au Selamlyk, mais depuis quelques années, c'est en voiture qu'il descend lente-

(1) Préposé aux marches, c'est-à-dire dirigeant le cortège impérial.

ment la pente conduisant à la mosquée. En face de lui est assis le ministre de la guerre, ou le maréchal commandant sa garde ; c'était jadis la place réservée à feu Ghazi-Osman Pacha.

*
* *

Le Sultan a la même mise que le jour de la cérémonie du Hirkaï Chérif ; mais se sentant encore plus en sûreté, et se sachant le point de mire de nombreux étrangers de marque, il a ici meilleure mine et répond par un regard aimable et un salut de la main aux respectueuses démonstrations du public des pavillons. L'envie de plaire à ses hôtes, de paraître aux yeux des étrangers plein de santé, de quiétude et d'affabilité, est une de ses constantes préoccupations. Derrière la maison impériale, viennent les écuyers et les eunuques tenant par la bride quelques magnifiques chevaux arabes richement harnachés. La brillante procession traverse la grande cour aux sons de la marche Hamidié et s'arrête devant la mosquée. Sa Majesté descend alors de voiture, gravit les marches du perron, d'où elle salue encore une fois la foule et disparaît dans l'intérieur du religieux édifice.

Le Cheikh-ul-Islam, le Ministre de l'*Evkaf* (1), les Ulémas et les Imans, qui l'y avaient précédé, viennent à sa rencontre, tandis qu'un *hadémé* (2) le doigt levé dans le geste des prophètes, prononce ces traditionnelles paroles : « Padischah ! ne t'enorgueillis pas et rappelle-toi qu'il y a un Dieu plus grand que toi ! » paroles que le vent emporte !

Dans la mosquée, de la place qui lui est réservée, le Sultan assiste invisible au service, mais il ne prend pas part à la prière, et au lieu de faire son *namaz* s'occupe d'une façon profane à donner quelques ordres concernant la cérémonie, à parcourir la liste des personnes qui y assistent, et à faire transmettre aux plus importantes d'entre elles, par les chambellans, les salutations impériales.

Ceci explique que le fait d'assister souvent au Selamlyk est une des meilleures façons de faire sa cour à Abdul-Hamid et d'en être bien vu.

Vers la fin du service religieux, un phaéton à deux places, attelé d'un superbe couple de chevaux blancs, qu'on mène par la bride, vient se ranger devant la porte de la mosquée. Ce second équipage va servir

(1) Ministre des fondations pieuses.
(2) Officier inférieur au service du Sultan.

pour le retour du Sultan qui, d'habitude, y prend place tout seul et conduit lui-même.

Dès qu'il touche les guides, les pur-sang partent au grand trot et la foule des courtisans, généraux, pachas cheikhs et eunuques, tels qu'une meute de chiens courants, s'élancent à sa suite, les uns à pied, les autres à cheval, se pressant, se bousculant, chacun rivalisant de ruse et d'agilité pour rattraper la voiture et attirer sur sa personne par un empressement servile et des *temennahs* obséquieux l'attention du Maître impassible et indifférent.

De retour en son Palais, Sa Majesté prend un court instant de repos, donne audience à quelques membres du corps diplomatique, et aussitôt après, se remet à la lourde tâche qu'elle s'est imposée : la conservation de son existence et la désorganisation de l'Empire !

Le Harem Impérial

La polygamie tend de plus en plus à disparaître en Turquie ; non-seulement en raison de la diffusion des idées occidentales, mais encore et surtout pour des causes d'ordre économique. L'accroissement rapide et constant des charges de la vie moderne rend de plus en plus onéreux les frais énormes que nécessite l'entretien de plusieurs femmes, et, malgré sa sensualité, l'Oriental s'achemine rapidement vers la monogamie à laquelle il sera bientôt contraint.

Rares sont aujourd'hui les pachas qui, par tradition

autant que par goût, se permettent le luxe barbare et délicieux d'un harem.

Il va sans dire qu'au premier rang de ces privilégiés se trouve le Commandeur des Croyants, l'heureux possesseur d'une collection vivante des plus précieux specimens de la beauté orientale.

La vague sensation de convoitise qu'évoque en nous ce nom mystérieux de Harem, d'une harmonie étrange faite de rudesse et de douceur, la vision fugitive qu'il nous donne, magique Schéhérazade, d'un monde féérique et inconnu, font malheureusement oublier à l'épicurien d'Europe, tout ce qu'il y a de cruel et de révoltant dans cette séquestration en masse de femmes jeunes, belles et ardentes, dont le charme, la fraîcheur, la vie même, appartiennent à un seul maître, triste vieillard monomane et difforme.

La claustration la plus absolue rendant impossible toutes relations avec le monde extérieur ; un rôle humiliant et bestial à remplir ; l'obéissance passive — du genre le plus rebutant et le plus vil — aux caprices maladifs d'un despote redouté, telles sont les tristes conditions de l'existence que mènent les infortunées recluses du sérail.

Le Harem de Yildiz est tout leur univers ; elles y ont été amenées enfants ; on les y garde comme un misérable et précieux troupeau ; elles y vivent et y meurent sans avoir rien connu du dehors, sans avoir eu conscience de ce qu'est la vie. Le luxe et la splendeur d'une vaine opulence les entourent ; mais la seule jouissance pour laquelle il semble qu'elles aient été créées si belles, l'Amour, leur est refusée. Cette privation la plus cruelle de toutes pour une femme orientale, cette surveillance étroite, incessante, exaspérante qui les enchaîne dans leur prison même, cette atmosphère de mollesse et de langueur où étouffe leur vie, leur donne un état d'âme particulier. En dehors de la présence du Maître, dont le nom seul les fait trembler, elles sont nerveuses, irritables, capricieuses et perverses.

*
* *

Le contingent du Harem se recrute presque exclusivement parmi les diverses variétés de la race circassienne, la plus belle de l'Orient, mais compte aussi quelques spécimens de races syriennes et rouméliotes. Choisies pour leur grâce précoce, les odalisques sont achetées en bas âge presque toutes par les agents spéciaux du Palais qui dépendent du *Yessirdji-Bachi* (grand-maître des esclaves) Hussein-Effendi, secondé dans ses fonctions par la *Yessirdji-Bachi* Eminé-Hanoum.

Souvent encore les gouverneurs des provinces, dans un zèle désapprouvé de nos jours par tous les Turcs civilisés, enlèvent à leurs parents les plus belles jeunes filles ou les leur achètent pour les donner à Sa Majesté.

De leur côté, les cousines ou tantes du Souverain font leurs efforts pour lui trouver des beautés rares, et rivalisent de zèle à qui découvrira la perle la plus digne de lui être offerte pendant les fêtes du Baïram. Mais il est de moins en moins fréquent qu'Abdul-Hamid accepte ces délicieux présents des mains de ses parentes ou de ses favoris. De même n'est plus en usage l'antique coutume qui voulait que le 27 du Ramazan le Cheikh-Ul-Islam envoyât au Grand-Turc la plus belle Circassienne, la fleur de la moisson annuelle des marchands d'esclaves.

En franchissant les portes du Palais, les recrues nouvellement admises au Harem impérial doivent tout abandonner et tout oublier : leurs parents, leurs sœurs, leurs amies, leur pays, qu'elles ne reverront plus, et jusqu'à leur nom, car elles commenceront leur nouvelle existence sous celui qu'il plaira au Maître qu'elles portent.

Pendant la prière (Selamlyk)

Une éducation spéciale leur est donnée par la *Bach-Kalfa* (1) sous la surveillance de la *Haznédar-Ousta* d'un des *daïrés* (appartements des princesses) et sous l'autorité suprême de la Validé-Sultane.

Cette éducation d'une complication raffinée est toute spéciale, et destinée uniquement à développer en ces jeunes beautés toutes les grâces, toutes les séductions, toutes les perfections capables de charmer les sens les plus blasés ; ces sciences mystérieuses et enivrantes : harmonie voluptueuse du maintien, de la démarche et du geste ; chant mélodieux, danse lascive, langage poétique et imagé, intonation délicatement nuancée, douceur éloquente des regards, mollesse attirante des attitudes, caresses délicieuses, tout ce que l'artifice le plus exquis peut ajouter au charme de la femme, tel est l'art que l'expérience orientale enseigne à la Beauté dans cette Académie de l'Amour.

En général, la durée de cette instruction est de deux ans et se termine par un examen solennel que pré-

(1) Esclave en chef, investie d'une autorité considérable, et dont la charge, correspondant à celle de grande maîtresse des cérémonies, occupe le second rang dans la hiérarchie féminine de la Cour, immédiatement après celle de la Haznédar-Ousta (grande trésorière).

side la Validé-Sultane. Chacune de ses jolies élèves doit alors connaître tous les détails du service qu'elle aura à remplir, la façon de pencher devant le Sultan l'aiguière de vermeil à l'eau parfumée, de lui présenter les pantoufles et le linge et de lui servir ses breuvages favoris. Elle doit être au courant de ses préférences et de ses antipathies, de ses caprices, de ses manies, avant d'être admise à lui faire le sacrifice de sa beauté nouvellement éclose.

La jeune odalisque, en effet, atteint ordinairement l'âge nubile au moment où son éducation se termine ; mûre alors pour l'alcôve impériale, elle n'a plus qu'à attendre au harem que le caprice du Grand-Seigneur au cours d'une de ses visites, daigne s'arrêter sur elle.

Mais elle a trois cents compagnes ayant la même beauté, la même ambition et parmi ses rivales, il est plusieurs favorites.

De plus, il peut arriver par hasard que le choix du Padischah s'égare sur quelque esclave des sultanes ses parentes, des princesses ses filles, qui habitent en dehors de Yildiz et n'y viennent qu'en visite. Ainsi, un soir que Sa Hautesse donnait en son harem des danses et des ballets, il remarqua parmi les danseuses une jeune esclave du nom de Mesté-

Alem, au service de la princesse Zekkié, sa fille aînée. Le lendemain deux eunuques du Sultan arrivaient en toute hâte au Palais de la princesse et lui annonçaient qu'ils venaient chercher la jeune Mesté-Alem, objet d'un honneur insigne : le désir impérial. Grand fut l'émoi de la jeune Circassienne, qui n'avait jamais rêvé une telle élévation. Sa maîtresse s'empressa de lui faire prendre le bain traditionnel et entourée de ses esclaves, présida elle-même à sa toilette. Parfumée, parée de somptueux atours, la nouvelle élue, qui croyait rêver, monta dans une superbe voiture, et, escortée d'eunuques à cheval, arriva à Yildiz où aussitôt la Validé-Sultane la manda auprès d'elle et lui donna les instructions d'usage.

Cependant, en dépit de la précipitation avec laquelle on l'avait amenée au Palais, ce fut seulement le quatrième jour que Mesté-Alem fut mise en présence du Maître. Et, soit que son caprice fût passé, soit que la jeune fille lui parût moins belle ou qu'il ne la reconnût plus sous son nouveau costume, Sa Majesté fronçant le sourcil en la voyant, dit d'un ton brusque : « Ce n'est pas celle-là. Renvoyez-là ». Tremblante, couverte de honte, blessée jusqu'au plus profond de son orgueil naissant, élevée un instant si haut pour retomber si bas et d'une chute si brutale, la pauvre petite fut ramenée chez la princesse Zekkié, cette fois sans le moindre apparat, accompagnée seulement d'un horrible et vieil eunuque noir.

Inconsolable du sanglant affront qu'elle avait subi, elle ne devait pourtant pas en souffrir longtemps : elle devint sombre, languissante et pâle, toussa un peu et mourut.

Mesté-Alem, pourtant, n'est pas comptée parmi les victimes du Grand-Turc !

* * *

Suivant la Loi Religieuse, aucun musulman ne peut épouser plus de quatre femmes légitimes (*nikiâhly*). En dehors de ces quatre épouses, il a le droit d'avoir, en nombre aussi grand que ses moyens le lui permettent, des esclaves (*djarié*) qui partagent sa couche et dont les enfants sont légitimes au même titre que ceux des épouses ; la loi est la même pour le Khalife que pour le dernier de ses sujets. Par contre, d'après un usage établi *ab antiquo* le Sultan ne se marie jamais avec une jeune fille de famille, et ne prend ses quatre épouses que parmi des esclaves.

Disons cependant qu'Abdul-Hamid, comme du reste tous les sultans modernes, s'est abstenu, de contracter mariage, et que les quatre premières femmes dont il a eu des enfants et qui eussent dû être légitimées, ne l'ont pas été en réalité, bien qu'elles reçoivent tous les honneurs attachés à la dignité d'épouses.

S'il arrive qu'entre toutes ses esclaves le Sultan en ait remarqué une, celle-ci devient *gueuzdé* (traduction littérale : celle qui a donné dans l'œil). Au sortir de l'alcôve impériale, la gueuzdé est promue au rang d'*ikbal* (glorifiée).

Si l'ikbal conçoit et donne le jour à un enfant, elle devient *kadine* ou dame, et prend rang de princesse dans le Harem. Elle occupe alors un appartement spécial, et a une suite nombreuse d'esclaves et d'eunuques attachés à sa personne. Mais la kadine n'est pas encore épouse et ne peut le devenir que si une vacance venant à se produire par la mort d'une des quatre premières femmes du Sultan, celui-ci veut bien l'honorer du titre de kadine-épouse.

Il semble qu'Abdul-Hamid, possesseur d'un sérail si peuplé, devrait être le père d'une famille nombreuse : il n'en est rien, et le chiffre de ses enfants, relativement minime, n'est que de treize. Si les femmes de son harem sont rarement mères, c'est que leur stérilité est la conséquence des mesures sévères prises pour limiter l'accroissement de la progéniture du Sultan. L'avortement provoqué est un fait commun dans le Harem, et les *calfas* (vieilles esclaves) sont excessivement expertes dans les pratiques de cet art abominable. Le surveillance qu'elles exercent sur la femme qui a eu l'honneur de partager la couche du Padischah est des plus rigoureuses, et permet de s'assurer des premiers symptômes de la grossesse, qu'elles se mettent aussitôt en devoir de combattre.

Néanmoins, il arrive que la pauvre odalisque, soit par ambition, soit par un instinct maternel développé au plus haut degré chez les Turques, réussit à tromper cette surveillance par des ruses périodiques, dissimule sa grossesse jusqu'à son terme, et, rendant le Sultan père malgré lui, de simple ikbal qu'elle était devient ainsi kadine.

Chacune des kadines ou des favorites (1) habite un *daïré* ou appartement particulier. C'est une véritable petite cour, dont l'organisation, calquée sur celle du Padischah, comporte une hiérarchie correspondante et des emplois analogues.

C'est ainsi qu'on voit dans chaque daïré :

(1) Abdul-Hamid a une douzaine de favorites, parmi lesquelles la plus connue est une Circassienne, la belle Azizié-Hanoum, dont le frère, Ishak-Bey, est un des aides-de-camp du Sultan.

Revue de la Garde impériale en l'honneur de Guillaume II après le Selamlyk. (Les Zouaves)

Une *haznédar-ousta* (trésorière en chef).

Une *bach-kiatib*, (première secrétaire).

Une *muhurdar*, (garde des sceaux).

Une *esvabdji*, (première maîtresse de la garde-robe), etc., etc.

Et un nombreux personnel inférieur comprenant des eunuques, des *calfas* (vieilles esclaves) des intendants, *des halaïks* (esclaves en sous ordre) etc.

Au sommet de toute cette hiérarchie, au dessus de toutes les kadines, la Validé-Sultane est placée comme un reflet féminin du Sultan ; son autorité puissante est vénérée, crainte et obéie avec la même servilité et elle règne absolument sur le Harem.

*
* *

Une kadine ne peut jamais et sous aucun prétexte quitter le sérail impérial, ce qui n'est pas le cas d'une odalisque, d'une simple ikbal qui n'a pas eu d'enfants. Celle-ci peut être offerte par le Sultan à un favori ou à quelque grand personnage, et dans ce cas, occupe naturellement la première place dans le harem de son nouveau maître.

Souvent le Padischah ne fait un présent de ce genre que pour se débarrasser d'une femme pour qui son caprice est passé, ou dont la présence en son palais lui paraît inutile ; parfois aussi un sombre dessein se cache sous cette faveur gracieuse et la femme ainsi offerte peut être chargée de remplir une terrible mission auprès de l'homme dont elle devient l'épouse. Par exemple, l'Uléma Seïfeddin-Effendi, un des hommes que le Sultan redoutait le plus, reçut de lui une admirable esclave, trop belle : car il l'aima tant, et en fut tant aimé, qu'il en mourut...

Plus souvent encore, ces femmes distribuées dans les harems des personnages suspects, sont chargées d'une besogne infâme : l'espionnage. Les maris turcs sont plus expansifs avec leurs femmes qu'on ne le croit généralement, et loin de les avoir en mépris, les entretiennent souvent de leurs projets, de leurs ennuis, les consultent même parfois, et, par cette confiance, les dédommagent en partie du rôle effacé auquel elles sont condamnées au point de vue social : c'est là un terrain qu'Abdul-Hamid exploite facilement. S'il arrive que la femme s'attache à son nouveau maître et ne s'acquitte pas de sa mission perfide, elle perd le droit de rentrer éventuellement au Harem impérial. Pour pouvoir retourner dans « le Jardin de la Félicité » et y être en faveur, elle doit avant tout rendre des services. Cela s'appelle, dans l'argot du sérail :

« avoir obtenu son passeport ». Lors des affaires arméniennes, les femmes-espions ont rendu de signalés services. C'est par elles qu'on apprit en haut lieu quels personnages turcs sympathisaient avec les Arméniens contre le Sultan. En temps ordinaire, elles exercent leur emploi dans l'intérieur même du palais, concurremment avec les eunuques qui, derrière les rideaux, à travers les cloisons, se tiennent constamment aux écoutes. Parfois, c'est par lui-même qu'Abdul-Hamid apprend ce qu'il lui importe de savoir. Ainsi un jour, ayant avisé une jeune esclave qui lavait les mouchoirs de sa maîtresse, une kadine, il ordonna qu'on la lui amenât, pris pour elle d'un caprice subit, dans ses appartements privés ; et comme un peu de causerie vient toujours après le plaisir, comme dit le poète, il lui promit le rang de princesse à condition qu'elle lui révélât les pensées des dames de son Harem et l'opinion qu'elles avaient de lui. Ainsi stimulée, la nouvelle favorite ne tarda pas à satisfaire la curiosité du Maître, et lui révéla que la kadine, sa maîtresse, le trouvait âgé et incapable d'amour. Edifié, Abdul-Hamid plaça la jeune esclave au-dessus de sa maîtresse tombée en disgrâce, en disant : « Ainsi procéderai-je envers tous ceux qui n'ont pas dans le cœur ce qu'ils ont sur les lèvres. »

*
* *

Le Sérail du Sultan Abdul-Medjid fut jadis le théâtre d'orgies insensées et ses femmes, mal surveillées, s'abandonnèrent à la licence la plus effrénée. Son successeur, Abdul-Aziz, jaloux comme un tigre, réforma ces mœurs dépravées. Mais jamais Harem impérial n'a été aussi sévèrement tenu, aussi fermé, aussi « correct » si l'on peut s'exprimer ainsi, que celui du Sultan actuel.

Aujourd'hui, dans Yildiz, c'est chose impossible qu'une intrigue amoureuse, et de même, le plus éphémère des caprices, la plus petite passionnette, la plus furtive œillade.

Enfermées dans une double enceinte de hautes et épaisses murailles, les femmes du Sérail vivent dans un monde invraisemblable où jamais homme, en dehors du Grand-Turc, n'eut accès. Ce n'est pas seulement un sentiment de dignité ou de jalousie qui a poussé Abdul-Hamid à rendre inviolable son magnifique gynécée. C'est avant tout et comme dans tous ses actes, cette éternelle peur, qu'il a constamment, des conspirations ou des complots, qui pourraient soudainement susciter parmi son troupeau de dociles esclaves quelque Judith musulmane, quelque orientale Charlotte Corday.

Jadis le Sultan fut très enclin aux plaisirs. Il ne les dédaigne pas encore, mais ne s'y adonne que dans les moments d'accalmie, quand il n'a pas de graves préoccupations et que l'idée de quelque danger réel ou chimérique ne hante pas son imagination, comme par exemple, après les affaires d'Arménie lorsque s'établit une paix relative sous le règne du fameux favori Izzet-Bey. Durant ces rares périodes, il fait d'assez nombreuses visites à son harem.

Abdul-Hamid préfère les femmes jolies et gracieuses à celles d'une beauté régulière et puissante ; en cela son goût raffiné n'est nullement celui de la plupart des Orientaux, qui ont une prédilection pour les formes majestueuses et lourdes.

Plutôt redouté qu'aimé de ses odalisques, le Sultan qui leur montre beaucoup d'amabilité et même de galanterie quand il n'est pas en proie à ces soupçons qui le rendent si impitoyablement cruel, a su leur inspirer néanmoins une vague considération affectueuse.

Parfois, il daigne converser avec ses favorites, aux yeux desquelles il n'a pas de peine à passer pour un bel esprit ; elles sont toutes d'une ignorance complète et l'éducation toute superficielle qu'elles ont reçue leur laisse une naïveté enfantine ; il les entretient légèrement des évènements politiques du monde entier, leur raconte les petits potins, les anecdotes sensationnelles des cours étrangères, dont il est très friand lui-même, et ce sont les seules leçons d'histoire qui leur soient données.

Lorsque la Validé-Sultane reçut chez elle l'Impératrice d'Allemagne, elle n'en attendait rien moins qu'un respectueux baise-main ; sa visiteuse ne l'ayant gratifiée que d'un amical shake-hand, la Validé s'en montra excessivement choquée et, la réception finie, dit aux femmes de sa suite que la souveraine étrangère était « mal élevée ! » (1)

On ne peut s'étonner de tant de prétention, quand on songe qu'elles respirent au pied du Trône Impérial, l'encens enivrant brûlé continuellement devant le Maître par la flagornerie effrontée de la plus servile des cours ; on leur a appris, dès leur bas âge, que le Sultan est le Roi des Rois, l'Ombre de Dieu sur la terre, l'Arbitre unique des destinées du Monde, le Maître des Deux-Terres et des Deux-Mers, le Souverain de l'Orient et de l'Occident (2), et elles considèrent

(1) *Edebsiz.*

(2) Une partie des titres du Sultan.

tout naturellement les autres chefs d'Etat comme les humbles vassaux du Grand-Seigneur.

La lecture — pour celles qui savent lire — ne peut en rien modifier leurs idées là-dessus, car elles n'ont jamais entre les mains que quelques vieux contes arabes ou de rares journaux turcs, nullement subversifs, cela va sans dire, et desquels est soigneusement éliminé par la plus grave des censures tout ce qui pourrait choquer les sujets bien pensants d'Abdul-Hamid.

*
* *

La danse, sous toutes les formes qu'elle revêt en Orient, est en grand honneur au Harem et en est la principale distraction. Rondes turques, avec accompagnement des timbales, des tambours de basque, de l'*oute* (petit instrument à cordes) ou d'un chœur de voix langoureuses ; danses circassiennes, égyptiennes, arabes, parmi lesquelles le Sultan préfère les moins impudiques (3). Les favorites se divertissent souvent aux danses de leurs esclaves ; les chants, la

(1) Pourtant, il appréciait beaucoup, autrefois, le talent d'une vieille négresse, courte, grosse, lippue, et d'une laideur proverbiale, qui triomphait dans la danse du ventre.

musique, le canotage et pour quelques-unes d'entre elles la photographie et même le cyclisme, dit-on, sont ensuite leurs principales distractions.

A part cela, elles occupent leur temps à des enfantillages véritables, jouent avec des poupées : poupées à ressort, poupées nageuses ; s'amusent à imiter les cris des animaux, le chant du coq, le bourdonnement de la mouche, le jappement du chien ; enfarinent le visage des négresses et les excitent à faire des singeries ou à se chamailler entre elles ; essaient enfin de tout pour se sauver de l'ennui. Couchées sur des divans ou des sofas recouverts de soie, accroupies sur des tapis de Boukhara dans des poses nonchalantes qui mettent en valeur les lignes gracieuses de leurs corps et traduisent aux yeux la tristesse de leur existence vide, la plupart suivent du regard les spirales bleues que dessine la fumée odorante de leur cigarette ou de leur narghileh et égrènent d'une main chargée de bagues les perles d'ambre ou les grains du santal de leur *tesbih* (1). D'autres boivent des sirops, des sorbets à la rose, croquent de la glace, grignottent des pistaches, mâchent du mastic (sorte de gomme

(1) Sorte de chapelet fait uniquement pour amuser les doigts et fournir aux oisifs orientaux une innocente occupation.

parfumée) sucent mille sucreries. Elles aiment toutes les bonbons, le tabac, les fleurs, les parfums, le musc surtout, et la violette, dont l'odeur plaît entre toutes au Sultan, et pour laquelle elles affectent une adroite prédilection ; elles adorent les chats (1), les perroquets, les colombes ; le café, les cartes et les propos grivois ; elles raffolent de deux choses, parce qu'on les leur interdit et qu'elles sont femmes : le vin et le *raki* (eau de vie orientale tirée du raisin) que leur procure de temps à autre la complaisance d'un eunuque.

Le temps qu'elles ne peuvent pas « tuer », elles l'abandonnent à la tristesse, et rêvent sans fin à la lointaine patrie, au foyer laissé, aux parents disparus, au sombre avenir, à l'amant impossible, au vieux maître triste et laid...

Cette existence fade, oisive et malsaine, les entraîne fréquemment à des vices contre nature : beaucoup d'entre elles pratiquent le saphisme, crime sévèrement puni au Sérail. Parfois leur amour coupable reste platonique ; mais de crainte qu'il ne dégénère en passion furieuse, on désunit les couples suspects.

(1) Ces chats sont de la race d'Angora. Les mâles, étant les plus beaux, sont recherchés particulièrement, mais doivent tous subir la castration avant d'être admis au Harem. *Dura, sed lex* !

On imagine les rivalités, les jalousies de toute nature, les intrigues compliquées qui naissent parmi ces femmes oisives, toutes jeunes, ardentes ou ambitieuses. Elles forment une infinité de petites coteries, de petits groupes ayant chacun ses secrets, ses sympathies et ses haines ; les clans adverses se font une guerre incessante et sournoise, donnant lieu à des querelles bruyantes, à des rixes qui nécessitent l'intervention des eunuques, et ne sont parfois arrêtées qu'à grand'peine.

Il faut toute l'autorité de Son Altesse Abdul-Gani-Agha, le Grand-Eunuque, pour faire régner la discipline dans l'infortuné et gracieux troupeau dont il a la garde, et qu'il gouverne avec une indulgente sagesse.

Souvent aussi, les eunuques augmentent le désordre en prenant parti dans ces querelles, épris quelquefois pour certaines de ces adorables femmes d'une passion désespérée que par pitié, par dépravation, ou par amour peut être — qui sait ? — plus d'une des demi-vierges forcées de Yildiz s'est laissée aller à consoler dans la mesure du possible. Mais ce n'est pas toujours volontairement qu'elles s'abandonnent aux caresses forcées des eunuques ; car souvent ceux-ci cherchent leurs victimes parmi celles des vierges qui, présentées

Eunuque

Revue de la Cavalerie en l'honneur de Guillaume II

au Maître, se voient refusées : affront qui les condamne à être les souffre-douleur de leurs compagnes autant que des eunuques.

Abdul-Hamid soupçonne-t-il ces tentatives d'infidélité ? Est-ce une jalousie excessive qui l'a poussé à interdire aux chiens, même aux chiens eunuques, l'entrée de son harem ? Toujours est-il qu'une de ses favorites le suppliant de lui permettre un bichon havanais, il s'y refusa doucement, invoquant le prétexte de la rage, et pour consoler la jeune femme, lui offrit avec galanterie un diadème de brillants.

* * *

L'Occidental qui, par un miracle, pénétrerait dans le Sérail du Grand-Seigneur sans être averti de la nature du milieu où il se trouve, croirait au premier moment qu'il a devant les yeux des dames européennes, réunies en un congrès féministe de la Beauté sinon de l'Elégance.

C'est qu'en effet la toilette de ces dames, au point de vue de la forme et de la coupe, tend de plus en plus à suivre la mode tyrannique de Paris.

Cette évolution est d'ailleurs presque générale dans

les harems modernes, et le temps est proche où l'ancien et pittoresque costume des *hanoums* turques, n'existera plus qu'à l'état de souvenir. A Yildiz, les odalisques s'habillent d'indienne ou de drap, suivant l'époque de l'année, et les princesses, les favorites, de mousseline ou de soie.

Il y eut une période où chacune d'elles cherchait à assortir sa robe aux entaris de mousseline que portait le Sultan. Ainsi quand Sa Majesté revêtait l'entari rose, toutes ces dames s'habillaient de rose pour le recevoir. Mais le Maître, on ne sait pourquoi, conçut quelque ombrage de cette coquette attention et l'interdit formellement.

Il faut croire que tous les efforts de ses femmes pour lui plaire ne le touchent plus ; ainsi, insensible aux charmes piquants dont l'artificiel embellit encore la plus parfaite beauté, il s'en prive pour un motif misérable, en proscrivant de son harem les pâtes d'amande et de jasmin, les fards, les crayons de couleurs, les mouches de velours et les teintures pour les cheveux et les sourcils, par précaution contre le poison !

En résumé, la conscience de son droit d'unique possesseur et de maître absolu a émoussé ses sentiments à l'égard de ses femmes. Aussi recherche-t-il, en jouisseur blasé, le changement, l'imprévu, la nouveauté — dût la tradition en souffrir — comme le démontre le petit fait suivant : Un beau matin, ayant été informé que trois jeunes Circassiennes venaient d'être amenées au Sérail et n'attendaient que le moment de lui être présentées, Sa Majesté demanda « si le nécessaire avait été fait ». On entend par cette expression certaines formalités préalables, le bain, la visite médicale, la constatation de la virginité, le changement de costume, l'enseignement des règles de l'étiquette, de la révérence, du baise-main, etc. L'eunuque de service répondit par l'affirmative, et, en homme content de soi, ajouta qu'il avait fait habiller de neuf les nouvelles recrues le jour même. « En ce cas, repartit le Sultan, qu'on les déshabille : je désire les voir dans leur état de pauvreté et mise naturelle et je veux qu'il en soit ainsi à l'avenir. »

*
* *

Comme nous l'avons déjà dit, les femmes du Sultan, les kadines et les favorites, ne quittent presque jamais le Harem, où elles sont enterrées vivantes. Quant aux esclaves, elles en sortent quelquefois, accompagnées d'eunuques, pour faire des emplettes et des commissions en ville.

Mais ces sorties deviennent de plus en plus rares et ont failli être complètement supprimées depuis un scandale affreux qu'elles causèrent, il y a quelques années ; le directeur d'un grand magasin de nouveautés de Péra, M. C..., homme complaisant et pratique, qui avait, parmi ses clientes, des femmes du Palais, eut l'idée ingénieuse d'aménager, au second étage de son magasin, de petits cabinets d'essayage où les belles dames restaient longtemps enfermées. Il paraît que ces mystérieux retraits avaient deux entrées, et que les essais qui s'y faisaient n'avaient pas précisément l'habillage pour objet, car la police impériale ayant visité l'établissement, il fut fermé peu après ; inutile de dire qu'en peu de temps son aimable directeur avait fait fortune.

Si les dames du Palais ne peuvent en sortir, en revanche celles des ministres et des courtisans viennent assez fréquemment au Harem impérial. Leurs visites ne sont point soumises à des règles protocolaires ou à des formalités compliquées : La tenue de cérémonie est néanmoins de rigueur : Toilette blanche pour les demoiselles, toilette noire pour les dames, manteaux à traîne, bérets de la couleur du *féradjé* surmonté d'une aigrette de brillants ; dans les cheveux des bijoux ; et le visage découvert : car le

Khalife, entre tous les mahométans, a seul le droit de voir les femmes le visage nu et délivrées du *yachmak* ce voile aujourd'hui diaphane qu'elles sont obligées de porter, qui estompe mystérieusement les traits, noie dans une blancheur idéale la fraîcheur du teint, et fait étinceler magiquement l'éclat de deux beaux yeux noirs.

Bien entendu, ces visites valent parfois aux maris de rapides avancements qui ne sont pas toujours dûs à leurs propres mérites ou à l'intervention de la Validé-Sultane. Ainsi, on jase beaucoup dans les harems de Constantinople sur l'influence dont jouit une belle dame du harem de Hassan-Pacha, ministre de la marine, surnommé l'*Inamovible* pour avoir surnagé toujours dans les tempêtes ministérielles et autres et gratifié de la faveur particulière du Sultan.

Une dame étrangère, qui a eu la bonne fortune de pénétrer dans le Sérail impérial, a bien voulu nous donner, du daïré où elle fut reçue, une description que nous reproduisons ici :

Il y a dit-elle, des espèces de salons de réunion dans les appartements des princesses ; et j'ai eu l'occasion d'en remarquer assez minutieusement l'ameublement au cours de ma visite. C'était en été : une toile blanche recouvrait complètement le parquet de chêne ciré. Ça et là, des sofas recouverts de satin rouge et jaune avec franges d'or; des fauteuils et des causeuses coudoyaient une table de laque incrustée d'ivoire. Un meuble oriental jurait à côté d'une console du plus authentique Louis XV. Les murs étaient ornés de tableaux — des paysages en général — et de cadres simples renfermant des inscriptions turques brodées en or sur velours noir. Le plafond peint représentait des sites du Bosphore. Masquant l'entrée, une magnifique portière sur le fond rose de laquelle se détachait le *toughra* impérial (monogramme du Sultan) et c'est tout. Pas le moindre bibelot artistique, à moins qu'on ne désigne sous ce nom quelques gros objets de luxe oriental d'un usage commun en Turquie ».

Le Sérail contient plusieurs de ces daïrés, séparés les uns des autres, mais disposés tous en enfilade. Chacun d'eux comprend une salle à manger, mais les princesses et kadines préfèrent prendre leurs repas dans leurs chambres à coucher ou dans leurs salons. Elles s'invitent fréquemment à dîner d'un daïré à l'autre, et se faisant réciproquement mille politesses de ce genre, sont presque toujours réunies à trois ou quatre à l'heure du repas. Toutes, dames, esclaves ou négresses, n'ont pas pu perdre l'habitude

Revue de l'Infanterie de Marine

de manger à la turque, c'est-à-dire à genoux ou assises, les jambes croisées devant une sorte de table très basse, longue et étroite, au milieu de laquelle est placé le plat, où elles prennent les morceaux avec les doigts, dédaignant les assiettes et les fourchettes, qui leur semblent incommodes.

Il va sans dire qu'aux repas de cérémonie, comme par exemple à un dîner donné en l'honneur de la Khédivah-Mére, il n'en est pas ainsi, et que ces dames mangent alors à l'européenne, à une table haute, chargée d'une somptueuse vaisselle d'or et d'argent. Les jours ordinaires les mets leur sont servis dans de simples plats de cuivre disposés sur un grand *tavla* ou plateau.

Le menu de ces dames est abondant et varié, et quelquefois comprend jusqu'à quinze plats. Les plateaux tout chargés sont posés par les valets de cuisine devant les trappes pratiquées dans le mur d'enceinte du harem, et de là passent dans les mains des eunuques qui les apportent dans les appartements des femmes.

Ordinairement, après les repas, toutes ces jolies bouches et toutes ces petites mains sont lavées d'eau de rose.

Avant de se mettre à table, il est d'usage de dire

en chœur une courte prière à l'adresse du Seigneur et Maître : « Qu'Allah comble de bienfaits notre Glorieux Padischah ! »

*
* *

Comme on l'a vu, nous sommes loin des féeriques merveilles que notre imagination entassait dans les murailles du mystérieux harem impérial.

Nous en sommes encore aux légendaires récits des époques où la puissance des monarques orientaux n'était égalée que par leur bravoure, leur luxure et leur faste.

Ces temps sont heureusement loin de nous, et le bric à brac du Sérail moderne n'est qu'un des signes évidents de sa décadence. Mais en attendant sa disparition complète, de combien de crimes, de supplices et d'atrocités d'un autre âge la triste prison de Yildiz sera-t-elle encore le théâtre ?

Et qui sait même combien a coulé déjà de sang et de larmes derrière les impénétrables murailles de sa double enceinte, et combien de victimes innocentes ont été immolées en silence à la méfiance farouche d'Abdul-Hamid ? Il est notoire qu'au moindre soupçon à l'endroit de ses femmes, il voit rouge et n'hésite pas à frapper sur le champ.

On connaît l'histoire de cette esclave qu'il tua à coups de revolver dans son propre lit, pour s'être permis un mouvement brusque qui avait fait croire au despote que la pauvre enfant voulait l'étrangler.

La jeunesse, la beauté, la douceur de son craintif bétail humain ne désarment pas la cruauté du Maître. Souvent au moindre soupçon, ses eunuques reçoivent l'ordre de faire disparaître quelque charmante créature, et il est défendu à leurs compagnes d'en demander des nouvelles. On raconte à ce sujet l'histoire touchante de deux odalisques qui s'étaient liées de la plus étroite affection. L'une d'elles, soupçonnée de projets coupables, disparut subitement. Sa compagne, ne la revoyant plus au Harem, n'osant même prononcer son nom, s'étiola ayant perdu le seul être où sa vie était attachée, et mourut, comme une fleur coupée que l'on priverait d'eau.

Les strangulations, les noyades dans le Bosphore, les supplices, tout invraisemblables qu'ils puissent paraître à notre époque, s'emploient encore, et plus fréquemment qu'on ne le pense, contre les femmes du Padischah.

Un simple exemple donnera une idée suffisante des drames ignorés de Yildiz.

Un jour le Sultan, sortant pour un moment de son cabinet de travail, oublia sur son pupitre un de ces minuscules revolvers de poche dont il ne se sépare jamais longtemps. Rentrant peu aprés, il surprit une fillette de douze ans, petite esclave du Harem, qui ayant pénétré par mégarde dans la pièce, maniait curieusement la coquette petite arme, la prenant peut-être dans son ignorante naïveté, pour un bijou inconnu. Le soupçon d'un attentat traversa immédiatement le cerveau malade d'Abdul-Hamid ! Voyant l'expression terrifiée du Maître, la petite fille fondit en larmes, et l'émotion de l'innocente enfant parut au despote un aveu du crime dont il la croyait coupable. Il la fit saisir, et sur le champ « interroger » ce qui veut dire à Yildiz, torturer de la façon la plus abominable ; mais on ne put tirer de la pauvre innocente que des cris et des larmes, bien qu'on lui enfonçât sous les ongles des lames de fer rougies au feu ! C'est par ces moyens que l'enquête établit qu'elle n'avait rien à révéler, n'étant sans doute pas coupable ; alors seulement cessa le supplice de la petite martyre dont l'histoire lamentable doit être déjà oubliée au Harem Impérial !

Princes et Princesses

Le droit de succession au trône, d'après une coutume ancienne, revient à l'aîné des membres de la famille impériale. Ainsi si Abdul-Aziz avait eu un frère plus âgé que le prince Mourad, c'eût été le frère et non le neveu du Sultan déchu qui eût été appelé à lui succéder.

Les premiers khalifes étaient choisis par voie d'élection ; les Omméïdes et leurs descendants établirent l'usage de désigner eux-mêmes leur successeur. Plus tard la force fut le seul titre à l'occupation du trône. Sous Ertoghroul on revint à l'ordre de succession accordant le khalifat au plus âgé des parents mâles du défunt sultan. Après la mort d'Ahmed I, le Divan convoqué, érigea en règle cette coutume et fit revêtir sa décision de l'autorité d'un fetfa. C'est conformément à cette loi qu'à Abdul-Medjid succéda son frère Abdul-Aziz, l'aîné de la famille impériale, qui conçut bientôt le projet de transmettre le khalifat à sa descendance directe; pour en assurer l'accomplissement, il voulut préparer l'opinion par une innovation analogue, à laquelle il était du reste forcé en accordant, dans un firman, au pacha d'Egypte, Méhémet-Ali, la transmission héréditaire du pouvoir khédivial. Abdul-Aziz ne put cependant faire échoir sa succession à son fils aîné, le prince Youssouf-Izeddin, bien que 26.000 cosaques dussent, venir à Constantinople, seconder l'exécution de ce projet; et quand il eut été dépossédé, ce fut l'aîné des princes impériaux Méhemmed-Mourad-Effendi, héritier légitime, qui fut reconnu Padischah.

Au Sultan Mourad, à son tour déchu du trône par suite des circonstances que l'on sait, succéda, toujours en qualité d'aîné des princes impériaux, son frère Abdul-Hamid-Effendi.

En 1882, quelques conseillers du Sultan l'engagèrent à faire pour sa descendance ce qu'Abdul-Aziz avait rêvé pour la sienne; mais Abdul-Hamid refusa en disant qu'il respecterait la règle établie par ses ancêtres; d'ailleurs il aurait eu scrupule d'abroger une loi qui lui a ouvert le chemin du trône.

*
* *

L'héritier présomptif et légitime du Sultan est donc son frère Réchad-Effendi.

Le prince Réchad est âgé aujourd'hui de cinquante-six ans; sans être doué d'une intelligence supérieure ni d'une grande instruction, il est de jugement clair et de conscience droite, et a sur son impérial frère, entre autres supériorités, celle de connaître à fond une langue, la persane, dans laquelle il compose des vers. Animé des meilleurs intentions, s'affligeant très sincèrement sur le sort de l'Empire, il est au courant des évènements, bien que son frère le Padischah tente de réprimer ses facultés en favorisant chez lui un certain penchant qu'il montre pour la boisson et les femmes.

Le prince héritier est tenu soigneusement à l'écart, et vit dans un isolement complet, cloîtré dans une annexe du palais de Dolma-Bagtché, qu'il quitte très rarement pour aller visiter, suivi de nombreux espions à cheval, sa propriété de Machlak. Entouré de mouchards, servi par des domestiques aux gages du Sultan, et qui observent ses moindres faits et gestes, l'existence du malheureux prince est soumise aux entraves les plus tyranniques. Presque absolument inabordable, grâce aux barrières élevées entre lui et le reste du monde, quelques rares personnes l'approchent cependant : son médecin, son tailleur et quelques autres fournisseurs, et c'est par eux qu'on sait combien son cœur généreux et bon souffre des crimes fraternels.

D'habitude, c'est par l'intermédiaire des femmes de son harem qui se trouvent en relations, très rares d'ailleurs, avec celles des harems de ses amis, qu'il peut leur faire parvenir de temps en temps quelque message d'un caractère privé et nullement répréhensible. Des communications de ce genre n'en ont pas moins valu l'exil, il y a deux ans, à quatre familles dont les femmes étaient suspectées, d'avoir servi d'agents politiques entre le prince et les personnages qui lui sont dévoués.

On peut juger des qualités de Réchad-Effendi par les partisans qu'il s'est acquis, tous hommes d'une très grande dignité de caractère, d'une parfaite honorabilité, qui, se tenant à l'écart, attendent avec résignation l'heure bénie qui délivrera à la fois leur ami et leur patrie.

Si le prince n'aime pas son frère aîné, en revanche celui-ci le déteste, surtout pour sa dignité qui lui interdit les bassesses et les procédés d'espionnage et de flagornerie par lesquels il s'est lui-même jadis attiré les faveurs reconnaissantes d'Abdul-Aziz, son oncle; il voit encore en lui, comme en chaque prince, un compétiteur impatient de lui ravir le pouvoir, et en outre en proie à la superstition la plus ombrageuse, il croit que son frère cadet lui porte malheur. Ainsi, il y a cinq ans, un soir que quelques princes, parmi lesquels Réchad-Effendi, étaient réunis autour du Sultan, celui-ci ressentit subitement une douleur à l'un des doigts : il se retira aussitôt et se plaignit à un favori de l'influence néfaste pour lui qu'avait son frère, prétendant que quelque mal lui arrivait chaque fois qu'il le voyait; un autre désagrément de la même gravité lui était en effet survenu lors d'une précédente rencontre avec lui. Depuis ce jour, le prince héritier était reçu plus rarement à Yildiz, ses visites à son frère durent être presque entièrement interrompues depuis quelques temps ; un soir au cours d'une représentation à Yildiz, Rechad-Effendi qui fut interrogé par Abdul-Hamid sur ce qu'il pensait du meilleur système de gouvernement ayant préconisé le régime libéral.

Abdul Hamid, en dehors de Réchad-Effendi, a encore trois autres frères : le prince Kémaléddin, âgé de cinquante ans, peu robuste et probablement phtisique, d'un caractère intrigant et sournois, comme son impérial aîné, qui a prédit que celui-ci supplanterait Réchad et accaparerait le trône.

Le prince Vahideddin et le prince Suléïman ne méritent aucune mention spéciale ; ils vivent séparément, l'un et l'autre entourés d'espions, sans qu'il soit jamais question d'eux. Ajoutons qu'Abdul-Hamid laisse tous ses frères dans la gêne, pour que le manque d'argent les empêche d'agir contre lui, et favorise leurs vices afin de les amener à un état de nullité intellectuelle qui les rende encore plus inoffensifs.

Noureddin-Effendi, autre fils d'Abdul-Medjid, mourut il y a quelques années d'une maladie de poitrine.

*
* *

Le Sultan a en outre trois sœurs : La princesse Djémilé-Sultane, l'aînée, a 64 ans. Elle est veuve de

Damad-Mahmoud-Djellaleddin-Pacha, l'ami et le complice d'Abdul-Hamid, dont il favorisa puissamment l'avènement et qui le paya de ses services en le faisant, lors du procès Midhat, exiler et finalement assassiner à Taïf.

La princesse Sénieh-Sultane, la seconde, âgée d'environ cinquante ans, est la femme de Damad-Mahmoud-Pacha qui se trouve actuellement en Egypte avec ses deux fils. Elle est intelligente, instruite, et conserve encore les traces vivantes d'une beauté autrefois célèbre ; c'est une véritable européenne dans le vrai sens du mot, et la cause féministe n'a pas en Turquie un plus zélé champion. Intrépide sportwoman, elle adore la chasse, la pêche, le tir, et dompte les chevaux les plus indociles. Elle recevait, avec l'autorisation de son mari, des étrangers avec qui elle s'entretenait, traitant brillamment tous les sujets comme une grande dame occidentale. Abdul-Hamid, qui la soupçonne de vouloir prendre la fuite pour rejoindre son mari, la tient enfermée dans Yildiz.

Sa plus jeune sœur est Médié-Sultane, qui vit dans une parfaite tranquillité, retirée du monde avec son second mari Férid-Pacha.

Le Sultan avait une sœur aînée, Fatma-Sultane

— mariée à Nouri-Damad-Pacha, qu'il fit également exiler et mettre à mort — princesse fameuse par sa beauté, sa férocité et son dévergondage. Cette Messaline musulmane, dont les orgies sont restées célèbres, est morte folle il y a dix ans, à un âge avancé.

Le Sultan, qui n'aime pas ses frères, n'a aucune affection pour ses sœurs, qui d'ailleurs ressentent pour lui une profonde antipathie ; disons maintenant comment il sait être père.

*
* *

Son fils aîné, le prince Sélim-Effendi (qu'il a eu de sa deuxième femme) est légitimement marié à une unique femme — exception étonnante dans la famille impériale — qu'il adore et dont il a une fillette de douze ans aujourd'hui, à qui il fait donner une éducation des plus soignées : la jeune princesse parle déjà couramment le français.

« Foncièrement bon, travailleur et intelligent, le prince Sélim n'a malheureusement pas pu tirer tout le parti possible de sa valeur, en raison des conditions dans lesquelles on l'oblige à vivre ; réclusion complète, surveillance exaspérante, privation de toute communication avec l'extérieur, avec les gens du palais ou même avec ses frères ; nourri de lectures capables plutôt d'émousser son esprit que de le développer, et ayant été instruit d'après un programme d'études abominablement tronqué par son père : « Il faut que le prince impérial ait été heureusement doué par la nature pour qu'il ne se ressente pas d'une pareille éducation, » nous disait quelqu'un qui a vécu, en raison de ses fonctions, dans l'intimité du prince Sélim.

A l'heure qu'il est, il étudie encore avec l'assistance d'un professeur, et, à force de persévérance, il a su acquérir une petite science qui peut correspondre à une bonne instruction secondaire des collèges européens.

Le prince Sélim est plus malheureux qu'aucun de ses frères, cousins ou oncles ; prisonnier dans Yildiz, dont il ne sort plus, il est l'objet, depuis sa seizième année surtout, de la haine particulière de son père. Le conseiller du Sultan, Lutfi-Agha, ce fameux domestique que lui légua en mourant Mahmoud-Nédim-Pacha et quelques autres favoris élevés à la même école, avaient depuis longtemps fait paraître dangereuse à ses yeux, l'intelligence de son fils aîné, et le Monarque voyait déjà en ce jeune homme concentré et timide un ennemi guettant l'occasion de le renverser du trône, lorsqu'une équipée — en somme assez banale — de ce prince, acheva de le compromettre irrémissiblement, bien qu'il n'en fût pas responsable, aux yeux du méfiant Padischah.

Il y a quelques années, le malheureux prince entrant dans son adolescence, deux de ses professeurs, d'une moralité discutable, voulurent compléter son éducation en élargissant le programme de ses études et eurent la malencontreuse idée de s'adjoindre à cet effet une arménienne, fille galante de bas étage, qui du même coup initia son jeune élève aux joies et aux plus cuisants désagréments de l'Amour.

Le jouvenceau qui mettait de la sorte très mal à profit la liberté relative que lui donnaient ses allées et venues au palais de Flamour, où se trouvait alors la classe d'étude des princes impériaux, n'eut pas plutôt eu la révélation d'une science si charmante qu'il voulut en apprendre plus long avec une nouvelle institutrice, choisie, celle-là, dans le Harem paternel! Comme les blessures traîtresses que fait Vénus ne se révèlent pas toujours sur le champ, le jeune Sélim, fort ignorant d'ailleurs en pareille matière, ne croyait nullement dangereux ce second crime, si légèrement teinté d'inceste; mais une malheureuse fatalité voulut

Le petit palais de Flamour

que l'odalisque du Sérail Impérial se ressentît bientôt après de l'impureté de l'Arménienne ! La chose fut découverte, et le maréchal Zekki-Pacha, grand maître de l'Artillerie, qui depuis monta dans la faveur du soupçonneux Sultan, lui rapporta tout chaud ce scandale ; Abdul-Hamid fut aussitôt persuadé que son fils, avec la complicité d'une fille d'Arménie, avait conçu le noir projet d'attenter indirectement à son impériale existence, et le pauvre Sélim, traité avec la dernière rigueur, fut exilé chez Youssouf-Izeddin, — le seul des princes en qui le Padischah ait une certaine confiance ; il y demeura pendant six mois au bout desquels il put rentrer à Yildiz où il fut enfermé.

L'équipée amoureuse du jeune homme amena l'interruption de ses études pendant plusieurs années, l'étroite réclusion qu'il subit encore, et la haine de son père, qui ne cessera qu'avec la vie.

Les rigueurs de cette captivité ont été encore aggravées à plusieurs reprises, à l'occasion de certains nouveaux griefs que le Sultan a cru avoir contre son fils. Une demande d'argent, suivie du plus dur refus arracha un jour au prince, à l'égard de son père, quelques irrespectueuses paroles qui, répétées à celui-ci, ne restèrent pas sans châtiment. Une autre fois, une généreuse intervention du prisonnier en faveur de son oncle maternel, le général Kiazim-Pacha, exilé à Bagdad, parut à l'imagination malade du despote, la preuve d'une conspiration de toute sa famille contre lui, et irrita encore sa haine.

Bien qu'on se soit vite aperçu que tout témoignage d'attachement au jeune prince exaspère le Monarque, il s'est trouvé quelques hommes courageux qui ont tenté une réconciliation. Un garde du Palais, Omer-Agha, fidèle serviteur du Sultan, a perdu ainsi la faveur de son maître pour l'avoir supplié d'apporter un léger adoucissement à la malheureuse condition du prince.

Un de ses ministres, Youssouf-Riza-Pacha, se jeta un jour au pieds d'Abdul-Hamid et le supplia « d'oublier les torts de son fils. » Le Sultan repoussa cette requête en termes très durs.

— « Le prince souffre cruellement, ajouta Riza-Pacha, de voir Votre Majesté lui refuser la rémission de ses fautes.

— « Puisse-t-il en souffrir assez pour crever, répondit en propres termes ce père extraordinaire, et puissé-je moi-même laver son cadavre (1), l'ensevelir et l'enterrer !

(1) Les musulmans ont coutume de laver leurs morts avant de les ensevelir.

*
* *

Les autres fils du Sulan sont Ahmed-Effendi, âgé de vingt-six ans; Abdul-Kader-Effendi, de deux ans plus jeune : Burhaneddin-Effendi et Abdur-Rahim-Effendi, âgés de quatorze et de sept ans.

Abdul-Hamid n'aime guère ces princes, sauf Ahmed-Effendi, que son inintelligence ne désigne pas à la haine de son père.

Quant à Burhaneddin, c'est lui l'enfant gâté du Padischah et ses frères en sont un peu jaloux. Son éducation est soignée ; il affectionne les arts comme tous ses frères (dont l'un, Ahmed, a un petit talent de peintre) et cultive ses dispositions pour la musique. C'est le seul de ses fils que le Sultan produise aux étrangers de marque. Le jeune musicien s'est fait entendre plus d'une fois aux souverains et hôtes illustres de passage à Constantinople, comme l'empereur Guillaume II, le prince du Monténégro, etc. Le Sultan fait donner à son préféré, sous la direction du vice-amiral Hikmet-Pacha, l'instruction d'un officier de marine ; de même Ahmed et Abdul-Kader étudient l'art militaire avec le colonel Rifaat-Bey. Mais il va sans dire que, malgré leurs études spéciales, ils n'en seront pas moins systématiquement écartés de l'armée et de la flotte.

La vie des princes impériaux est très uniforme et monotone. Ils vivent chacun dans son daïré, les aînés avec leurs femmes et leur suite, le plus jeune dans le Sérail, dont les appartements des princes sont voisins, mais séparés par un mur. Sauf Sélim, les fils du Sultan sortent de temps en temps du Palais. On aperçoit quelquefois à Péra ou à Stamboul, Abdul-Kader-Effendi en voiture, ou Burhaneddin-Effendi suivi de gardes à cheval, ou plus rarement le prince Ahmed, galopant avec une petite suite, dans la direction de Bébek, sur le Bosphore. Dans le parc de Yildiz ils font du cyclisme, du canotage et de l'équitation.

Le choix de leur lecture est fixé par leur père, ainsi que le programme de leurs études ; en sont exclus les journaux européens et toutes publications de nature à dessiller leurs yeux ; c'est à peine si quelques illustrés tout à fait anodins leur sont permis. Aussi ces princes restent-ils tout à fait ignorants de la science qui constitue généralement la base fondamentale de l'instruction des princes du sang : l'histoire.

Les fils d'Abdul-Hamid ont, comme leur père, une excellente tenue, une politesse parfaite, et des manières de gentilshommes accomplis. Respectueux envers leurs professeurs, quand l'un de ceux-ci entre dans sa classe, son impérial élève se tient debout pour le recevoir ; leurs leçons, qu'ils prennent séparément, se font dans un chalet du parc de Yildiz, en dehors de la petite enceinte du Palais.

*
* *

La fille aînée du Sultan (1), la princesse Zekkié, âgée de vingt six ans, est gracieuse quoiqu'un peu forte ; ses jolis cheveux blonds encadrent un visage sympathique, aux langoureux yeux bleus, au teint blanc et diaphane ; délicate et pieuse, elle est d'une nature honnête et douce et d'une intelligence moyenne. Abdul-Hamid, qui exclut soigneusement de sa parenté comme de son entourage tout homme de valeur, a marié sa fille aînée au général Noureddin-Pacha-Damad, indigne fils du célèbre maréchal Ghazi-

(1) Il a eu de sa première femme une fille morte à huit ans, la princesse Haïrié, brûlée vive, en jouant dans son lit avec des allumettes.

Osman-Pacha, le héros de Plewna. Son mari, âgé de trente ans aujourd'hui, toujours fardé, grimé et parfumé comme une femme, est un être d'une insignifiance, d'une ignorance absolue, dont les mœurs rappellent à la fois celles de Sybaris et de Sodome.

On désigne généralement la princesse comme l'inspiratrice d'un meurtre commis, lors des premières années de son mariage, dans la période où les infidélités de Nourreddin donnaient à cette princesse orientale la plus cruelle et la plus folle jalousie, et dont la victime fut une maîtresse de son mari, modiste levantine de mœurs légères nommée Camélia ; ce fut Gani-Bey (1), qui assassina cette malheureuse, ainsi que sa mère, son domestique et son chien ! Mais les personnes qui se disent bien renseignées affirment que la princesse Zekkié est innocente de ce crime, et que ce fut son père le Sultan qui l'ordonna, voulant venger sa fille et ne pouvant châtier Noureddin sans soulever un épouvantable scandale.

Cette version est d'autant plus vraisemblable qu'un second assassinat à peu près analogue fut commis, toujours par le fameux Gani-Bey, sur une autre maîtresse de Nourreddin, Mlle L....., jeune et charmante

(1) Ce garde-du-corps du Sultan que celui-ci fit assassiner plus tard.

Italienne-levantine, dont le père était musicien au Palais. L'enquête que le parquet ouvrit à cette occasion fut rapidement close, comme pour le premier crime; mais il fut avéré que le Sultan avait été l'instigateur de celui-ci pour des raisons étrangères aux rapports que la jeune fille entretenait avec Noureddin.

Le triste gendre d'Abdul-Hamid a été l'occasion de bien des meurtres commis dans l'ombre; au mois de mai de l'année dernière, par exemple, un de ses valets, le Bulgare Cotso, a mystérieusement disparu, et personne n'a cherché à savoir pourquoi ni comment.

Zékkié-Sultane est quelque peu musicienne, et aime à s'entourer de chrétiennes et d'étrangères. De deux garçons que son mari lui a donnés, le second seul est vivant; Zékkié a une affection particulière pour son frère Sélim de qui le sort l'attriste. Elle l'a prouvée en essayant de faire aboutir un projet assez chimérique dont la réalisation devait assurer à son frère la succession au trône. Elle comptait pour cela sur son beau-père, Ghazi-Osman-Pacha, et sur le chef des Eunuques, Abdul-Gani-Agha. Mais ce dessein ne prit sans doute pas la moindre consistance.

*
* *

La deuxième fille du Sultan est la princesse Naïmé, qui a vingt-trois ans. Elle est grande, svelte, gracieuse, un peu délicate et prédisposée à la phtisie. Elle a un profil de médaille romaine, un visage allongé d'une infinie distinction, le nez aquilin, les cheveux et les yeux châtains. D'un naturel altier et orgueilleux, ne daignant recevoir personne, ardente féministe, mauvaise musulmane, mangeant du jambon, buvant du vin et raillant sans respect les pratiques de sa religion, cette princesse libre-penseuse mène cependant une conduite irréprochable dans sa vie intime et adore son fils unique et son mari, dont elle est tendrement aimée : C'est le général Kémaleddin-Pacha-Damad, second fils de feu Ghazi-Osman-Pacha ; quoique sans grande valeur personnelle, il est bien supérieur, au point de vue moral, à son frère aîné.

Ces fidèles époux habitent dans un splendide palais proche de celui qu'occupe le malheureux ménage de Noureddin et de Zékkié ; mais, quoique doublement liés par le sang, les deux couples voisinent fort peu,

Le prince Abdurrahim, le plus jeune fils du Sultan, et sa suite

et se méprisent réciproquement ; chacun des maris est jaloux de son frère et chacune des femmes l'est également de sa sœur, bien que le Sultan leur père n'ait favorisé particulièrement aucune d'elles.

La troisième fille du Sultan, la princesse Naïlé, âgée de dix-huit ans, maigre et chétive, ressemble à la précédente, mais avec moins de distinction et de charme ; elle était promise au troisième fils de Ghazi-Osman-Pacha, le lieutenant Djemal-Bey ; mais leurs fiançailles ont été tacitement rompues, on ne sait trop pourquoi.

La plus jolie fille d'Abdul-Hamid est incontestablement la princesse Aïché-Sultane, âgée seulement de treize ans (1). On la dit adorable et d'une idéale beauté qu'elle tient de sa mère, une Circassienne célèbre par ses charmes dans le Sérail du Grand-Seigneur ; la jeune princesse n'a pas encore un caractère bien nettement dessiné. Elle reçoit une instruction sérieuse, une éducation des plus soignées et vit, enfermée et mystérieuse comme une Salammbô, dans le Harem de son père.

. . . .

(1) Le Sultan a encore quatre filles en bas âge totalement inconnues.

La vie intime d'Abdul-Hamid montre bien que cet homme égoïste — d'un égoïsme féroce — n'a jamais su s'attirer l'affection de personne comme personne n'a jamais éprouvé la sienne. A ses parents, comme à ses sujets il n'a jamais inspiré que crainte et que terreur, et restera pour les siens comme pour son peuple le Tyran qu'il est, aux yeux de l'Humanité tout entière — Sultan Rouge devant l'Histoire !

TABLE DES CHAPITRES

TABLE DES GRAVURES

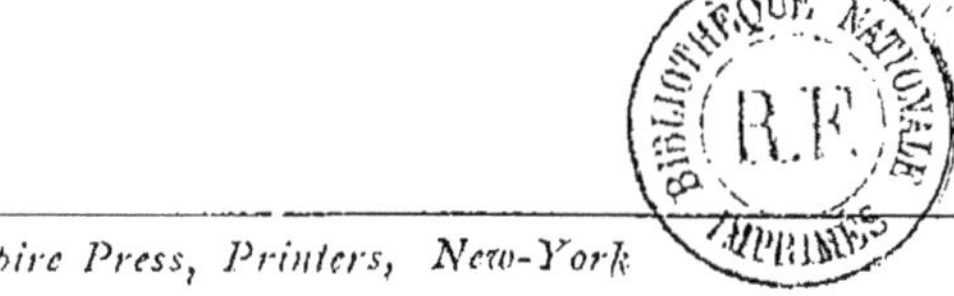

Empire Press, Printers, New-York

Impr. Em. Pivoteau à St-Amand, Cher.

www.ingramcontent.com/pod-product-compliance
Ingram Content Group UK Ltd.
Pitfield, Milton Keynes, MK11 3LW, UK
UKHW020310230726
13925UKWH00001B/323

9 782019 230883